江苏省作家协会"重大题材文学作品创作工程"项目
谨以此书献给无私奉献在法律援助战线的法律志愿者！

法律的阳光

法律援助与农民工维权实录

FA LV YUAN ZHU YU NONG MIN GONG WEI QUAN SHI LU

徐良文 著

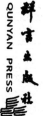

群言出版社

QUNYAN PRESS

图书在版编目（CIP）数据

法律的阳光／徐良文著. － － 北京：群言出版社，
2021.7
ISBN 978 - 7 - 5193 - 0655 - 7

Ⅰ. ①法… Ⅱ. ①徐… Ⅲ. ①纪实文学 - 作品集 - 中
国 - 当代 Ⅳ. ①I25

中国版本图书馆 CIP 数据核字（2021）第 090165 号

策划编辑：孙平平
责任编辑：孙平平　宋盈锡
封面设计：墨知缘
录音整理：胥容菲

出版发行：群言出版社
地　　址：北京市东城区东厂胡同北巷 1 号（100006）
网　　址：www. qypublish. com（官网书城）
电子信箱：qunyancbs@ 126. com
联系电话：010 - 65267783　65263836
经　　销：全国新华书店

印　　刷：南京文博印刷厂
版　　次：2021 年 7 月第 1 版　2021 年 7 月第 1 次印刷
开　　本：710mm × 1000mm　1/16
印　　张：17
字　　数：208 千字
书　　号：ISBN 978 - 7 - 5193 - 0655 - 7
定　　价：68. 00 元

目 录

引子之一
关于法律援助

对大多数中国人来说，"法律援助"还是个挺陌生的词。

2018年，我的一个乡邻刚大学毕业的儿子参与传销被南京公安机关关押。他是一个农民，以种田为生，家中经济条件本来就不宽裕，儿子大学毕业找不到理想工作，便怀揣发财梦，欺骗父亲说要在南京创业，他东借西凑、不惜举债15万元给儿子。哪知儿子是入伙传销组织，不仅15万元打了水漂，儿子还面临被起诉判刑的局面。闻此消息，仿佛天塌地陷，一家人以泪洗面。他打听到我原在江苏省司法厅工作，便千里迢迢来南京找我。望着满脸愁容的同乡，我充满同情却是无以为助，对他说："根据你的农民身份和你家庭目前的经济状况，我唯一能帮你的就是为你儿子申请法律援助。"

"法律援助？"他一头雾水。

我告诉他："就是帮你儿子免费请一名辩护律师。"

事实上到2020年，中国的法律援助制度从提出到逐步完善已经走过了28个春秋。

1992年的初夏，武汉大学校园内缤纷的樱花已谢，那年5月，校园内出现了一个社会公益性的民间组织"社会弱者权利保护中心"，中心的宗旨就是为社会弱者在法律上提供帮助，借以实现法律的公平。这一中心的成立，立即引起全国法律界的关注，虽然它只是一个萌芽，一棵幼苗，然而它引发人们无限遐想，春风化雨、雨露滋润，它必将成长为一簇社会弱者权利保护的"希望之花""大爱之花"。

由此启航，各地在司法部的积极引导下开始探索中国的法律援助之路。

1995 年 11 月 9 日，在中国改革开放的前沿城市广州诞生了一家名为"广州市法律援助中心"的机构。这是中国第一家由政府批准设立的法律援助专门机构，标志着中国正式开始探索实施法律援助制度，它翻开了中国法制文明史上簇新的一页，意义非凡。

1996 年 3 月，第八届全国人民代表大会第四次会议上对《中华人民共和国刑事诉讼法》进行第一次修订，《刑事诉讼法》第三十四条首次在法律上确认了法律援助制度，这是我国法律援助制度建设的一个重要里程碑。同年 5 月，《律师法》第四十一条的规定进一步确认了法律援助制度。

1996 年 12 月 18 日，冬雪初落，北京三元桥霞光里 11 号院内传出喜讯，中央编制办公室正式批准司法部法律援助中心成立。

1997 年 3 月 6 日，国务院总理李鹏亲自签署批准建立中国法律援助基金会。

1997 年 5 月 26 日，中国法律援助基金会成立暨司法部法律援助中心揭牌大会在人民大会堂隆重举行。国家副主席荣毅仁题词，全国人大常委会副委员长雷洁琼发来贺电，全国人大常委会副委员长王光英出席揭牌大会。

依法治国，人心所向，国家立法，呼之而出。

1999 年 8 月 15 日，《广东省法律援助条例》由广东省第九届人民代表大会常务委员会第十一次会议通过，开启了法律援助立法的先河。紧接其后，浙江、江苏、四川、青海、贵州、河南、广西等省（区）陆续出台了省（区）一级的《法律援助条例》，这些地方性配套法规的建立促进了国家层面的法律援助立法的进程。

时间行进到 2003 年 7 月 21 日，这是一个值得记取的日子，国务院温家宝总理，庄严签署第 385 号中华人民共和国国务院令：

《法律援助条例》已经 2003 年 7 月 16 日国务院第 15 次常务会议通过，现予公布，自 2003 年 9 月 1 日起施行。

自此，法律援助制度以法律形式在中国正式确立！

你或许要问，什么是法律援助？

1996 年，时任司法部部长肖扬在第 7 次部长办公会上讲道："法律援助，简言之，就是为弱者、残者、少者、贫者提供法律救济、法律帮助，保护司法人权，实现司法公正，体现我国在法律面前人人平等的精神。"

后来出现的官方文件中表述为：法律援助是指由政府设立的法律援助机构或者非政府设立的合法律所组织法律援助的律师，为经济困难或特殊案件的人尤其是农村给予无偿提供法律服务的一项法律保障制度。

江苏省法律援助基金会第一任理事长王霞林说得更直白："法律援助就是政府出钱帮助请不起律师、打不起官司的穷人打官司。"

无疑，法律援助是社会弱势群体享受法律服务的一条途径，是政府为保障社会公平正义而实施的一项司法救助措施。

放眼世界，法律援助在世界上许多法治国家已经是一套成熟的法律制度体系。

法律援助制度起源于 15 世纪的英国，在西方国家已有 500 多年的历史。据有关资料表明，至今，全世界已有140多个国家设立法律援助制度。许多国家不仅在其国家宪法或宪法性文件中做出有关法律援助的原则性规定，而且都制定有专门的法律援助法，如英国的《法律援助法案》、加拿大的《法律援助法》等。

马克斯·韦伯指出，财富的应用和表达——是用于正义还是支援邪恶，是利用财富造福社会、与人为善还是自恃财富流露霸权，这是衡量一个社会中财富伦理是否与文明相称的标志。

在中国贫困群众没钱打官司的现象时有发生。因而中国在向法治国家和现代化强国迈进过程中，法律援助制度必不可少。

自2003年7月21日第385号中华人民共和国国务院令发布后，中国的法律援助制度迅速发展，无论是在机构建设、从业人员规模，还是在经费保障、办案质量和数量等方面都取得了举世瞩目的成就，并且一开始就伴有创新的组织的出现。法律援助基金会的建立就是组织创新的一种模式，为中国法律援助制度的实施打开了资金保障面向社会的筹集渠道。

2007年7月3日，江苏省法律援助基金会在南京古南都饭店宣告成立，第一届理事会理事长王霞林自豪地宣布，这是全国第二家省级法律援助基金会。

自此，南京市北京西路28号院内，一个新的社会组织正式诞生。

引子之二
关于农民工

2013 年岁末，在南京市北京西路 28 号江苏省司法厅的某间会议室里，正在进行着一场"公平正义的光辉——江苏省农民工法律援助典型案例报告会"的剧本统筹工作，我有幸被报告会的组织者——江苏省法律援助基金会邀请，参加了那场讨论。

讨论会上，王霞林语重心长地说了如下一段话，他说："农民工是我们城市的参与者、建设者。如今的大中城市中，各行各业均有农民工的身影，特别是建筑业、加工制造业、采掘业及环卫、家政、餐饮等服务业，在这些行业中农民工占到从业人数的半数以上，有些行业没有农民工几乎难以为继。可以说，没有他们，就没有城市的繁荣，没有城市的大发展。但是，他们付出了汗水，付出了辛劳，有时却得不到公正的待遇……"

听着这位长者充满温情的话语，我的思绪在记忆中翻卷，脑海中出现了一个个熟悉的场景：

清晨，阳光洒落在城市角落高高的脚手架上，红色或黄色的头盔在高高低低地起伏，仿佛五线谱中流动的音符，黝黑的脊梁上汗珠闪着光，精干的身影在裸露的钢筋中穿梭，一座座高楼大厦拔地而起，凌空傲岸，而他们却在夜晚蜷缩于简陋的工棚……

夏日，我们坐在空调房中吃着西瓜、喝着茶水，窗外楼下的路上，正有一个穿着红色或黄色马甲的老人，肩上搭一条肮脏的毛巾，头上戴一顶散了边的破草帽，满身汗水地拖着垃圾车，一步一步向着远处的垃圾中转站走去。虽然现在手拖车已逐渐被电动垃圾清运车代替，但起早贪黑、不怕脏累打扫清理城市的，依然还是来自农村的他们……

还有在晨曦中醒来的早餐摊点，穿梭在大街小巷的快递小哥……他们是城市建设与生活中不可或缺的角色，却常常遭到轻视与白眼。一旦个人权益受到侵犯，也常常茫然无措，无力保护自己。

《法律援助条例》第二章第十条、第十一条、第十二条、第十三条规定了法律援助的范围，共有 10 项之多，其前提条件是"经济困难"。在法律援助实践中，截止到 2020 年 5 月 30 日，江苏省的法律援助机构受理的法律援助案件当事人除却刑事部分外，绝大部分为农民工！

农民工无疑是"经济困难"中的多数。

在农民后面加上"工"是当下中国社会一个特有的现象，即指离开农村到城市务工的农民，也常被称为"打工者"。路遥在《平凡的世界》中描写的主角孙少安或许是改革开放后中国最早进城的农民工吧。

我的微信朋友圈中有一位诗人韩成全，他是来自安徽的农民工，专做开锁营生，他曾在一篇散文中这样诉说他对南京这座城市的爱恨情仇：

对于南京，我手上有一大把暂住证，一本就是一年。如果不爱，早就离开了。南京很美，山水城林，有很深的文化积淀，非常契合我的内心世界。我写过明城墙，写过她的市民广场，写过郑和墓，写过南京满大街的梧桐。我写的一句公益广告语，获过市委宣传部的一等奖。

但说真的，也不全是爱。在一个地方待 20 年，还叫暂住，她没有完全接纳我们。"农民工""新市民"称谓变来变去，我们还是漂在这个城市。从 30 岁到 50 岁，我的头发白了，我的背也有点弯了。我把青春交给她了，把人生最宝贵最坚实的中年完全交给她了。我有时想申请一个配钥匙的小摊位也申请不到。这个城市实实在在欠我一个交代。南京，我说爱你的时候，我流着泪；我说不爱你的时候，我也流着泪。

出门在外，挣的钱比老家多，但压力也大。我就像一头在城市拉犁的牛，一刻也不敢松懈。感冒在武警医院打吊瓶，接到开锁电话，我悄悄把针拔了，等把锁开好了，回来再求护士给接上。我们似乎失去的也很多，像乡情友情亲情被活生生撕裂了。

回过头来想想，人到底需要什么！

在老家时，春耕夏耘，秋收冬藏；和土地对话，和庄稼亲昵；看它拔节，听它灌浆，其实也很美好。可这一切现在似乎有点奢想了。在老家除了摇摇欲坠的三间老房子和户口之外，感觉什么也没有了。故乡就剩一个地名了。除了过年，它是最落寞的一个地方了，实实在在的空心村。想着都心疼。

现在通往家乡的大路都修成水泥路了，但走的人似乎越来越少了。小路被荒草埋了。荒草下，我说还有我的脚印，但有用吗？

说到乡愁，其实还真有点儿扯淡。

今年春夏之交，我回过一次老家，但没进得了家，因为锁生锈了。我一个开锁匠被自己的锁拒之门外了！

时下有句话：回不去的故乡，进不了的城！我也是。

某天，在南京的某个地方我遇见了韩成全，他看上去完全没有想象中诗人的模样，骑一辆电动车，背微微有些驼，脸上写满沧桑，他对我说，他从30岁离开家乡，离开土地来到南京打工，把青春交给了这座城市，50岁了，头发都花白了，还是没有被这座城市完全接纳，房子买不起，娃儿上不了学，只能租住在潮湿的地下室里。话语中有着淡淡的忧伤。

许多我们看不到的地方，往往才是真实的世界。

六七年前的那场讨论会开得热烈，电视台编导激昂的话语犹在耳边："农民工做的是城市中最苦的活，吃的是最差的饭菜，住的是最恶劣的环境，甚至一年挣得的血汗钱都得不到保障，被黑心建筑商、包工头克扣，拖欠，甚至遭受暴力侵害……"

六七年后，当我见到基金会时任常务副理事长的宋家新时，他对我说，这些年国家出台了许多保障农民工权益的法律和法规，农民工利益得到有效保护，但是，损害农民工权益的事依然在发生，所以，农民工仍是法律援助关注的重点。

他打开笔记本，告诉我最近三年法律援助基金会资助法援案件的数字：

2018 年，江苏省法援基金会资助办案 1735 件，资助金额 550 万元，惠及受援人 9707 人，涉案金额达 4.9 亿元。在这 1735 件法援案件中，劳动争议类案件占到 798 件，约占 46%，其中追索劳动报酬 473 件。在受援的 9707 人中，农民工有 8057 人，约占 83%。

2019 年，江苏省法援基金会资助办案 1770 件，资助金额 590 万元，惠及受援人 9903 人，涉案金额达 5 亿元。在这 1770 件法援案件中，劳动争议类案件占到 938 件，占比 53%，其中追索劳动报酬 538 件。案件惠及受援人 9903 人，其中农民工 8417 人，约占 85%。

2020 年，江苏省法律援助基金会资助办案 1846 件，资助金额 803 万元，惠及受援人 10328 人，涉案金额达 5.4 亿元。在这 1846 件法援案件中，劳动争议类案件占到 1144 件，占比 62%，其中追索劳动报酬 627 件。案件惠及受援人 10328 人，其中农民工人 8469 人，约占 82%。

数字是无言的，但在这无言的数字背后却是一个个不为人知的鲜活故事。在挖掘一个个鲜活故事的源头中，我们能触摸到法律援助志愿者那一颗颗火热的心。

第一章

当一只劳动的手被砍断

南京市北京西路 28 号东侧，临街有一座 8 层楼房，在这座楼房的 4 楼，就是江苏省法律援助基金会。这个基金会既不是权力部门，更不是传统意义上的政法机关，它只是一个由一群法律志愿者依法成立的社会群众团体。然而就是这样一个毫不起眼的社会群众团体，一群法律志愿者，却在做着令整个社会都为之瞩目的事情。他们在为社会的公平正义而呐喊，为受到伤害的弱势群体而奔走，他们像一缕明媚的阳光穿破雾霾，照亮角落，温暖世界。

让我们从 10 多年前的那个春天讲起吧！

2008 年春节前夕，古都南京，接连发生了两起恶劣的农民工讨薪被砍案件，一时舆论大哗。

王霞林将这两起案件称为砍头剁手案，他在法律援助基金会讨论案件的例会上说："农民工讨薪竟被砍头剁手，天理难容！农民工是什么？是我们这座城市的建设者，是我们的衣食父母！这件事我们必须管，而且一管到底！"

他脸色阴沉着，两道醒目的卧蚕眉因愤怒而直立！

基金会常务副理事长吴晶后来回忆："王主任平时慈眉善目，脾气很好，说话节奏清晰，语气平和，那两件案子真把他惹火了，发了脾气！"

同为副理事长的陈尚明也说："那次王主任是真生气了。按说我们基金会没有承办具体案件的权力，就是事后根据案件的办理情况给办案的律师发一些补助费，可是这两起案件王主任一直关注，通过省司法厅法律援助中心持续关注案件办理情况，直到圆满办结！"

王霞林是省法律援助基金会的首任理事长，曾担任过省委常委、宣传部部长，从岗位退下来之前的职务是江苏省人大常委会副主任，因而，基金会的人一直延续之前的称呼。

王霞林自己却说："我和你们一样，现在是一名普通的法律志愿者，愿为社会的良知呼唤!"

回到那个寒冷的冬天。

快要过年了，在溧水县某工地，一些农民工挤在木板搭建的工棚里冻得瑟瑟发抖，板房里没有暖气，室内室外一样寒冷，更让他们心寒的是，所在工程早已结束，但工资款却一直没有兑现。远方的故乡在等着他们回家，年迈的父母，年幼的孩子，劳累的妻子在翘首企盼着他们的归来，然而他们却有家不能回，一年的血汗钱还没拿到，所以他们不能走，他们必须拿到工钱才能回家。他们是家中的顶梁柱，那钱牵系着全家的希望。

夜幕降临，室内阴冷浸骨。工钱没着落，他们只能穿着绒线衣蜷缩在被窝里唉声叹气!

"我们不能这么干等着，我们还得去要!"来自四川的王超说。小伙子年少气盛，咽不下这口气。

"对呀，我们这么等，要等到什么时候?我们再去向他们要!"大伙意见一致。

前一天他们曾到项目部办公室向负责人讨要工资未果，双方不欢而散。因而他们商定明天再去向负责人讨要工钱。

这天是2008年1月16日，离春节还有3个星期，匆匆吃过早饭，王超与几十名工友一起，再次来到了工程项目部。

令王超等人没想到的是，一场悲剧正在悄悄向他们袭来!

王超等工人第一次讨薪离开后，项目部负责人找来保安李大某商量对策。李大某说："老总，你只管放心，只要他们敢来，我就叫他们吃不了兜着走!"

李大某连夜召集其弟李小某等5人，手持砍刀、长矛和铁棍等，埋伏在项目部院内守候。就在王超等人推开院门准备进去交涉时，李小某带领几个打手突然冲出来，举起刀棍对他们一顿砍砸，强力驱赶。王超走在前面，眼见一人持一米多长的刀砍来，本能地举起左手挡护头部，同时大声招呼工友们快跑。跑出50多米外，惊慌未定的同伴问王超："你的左手呢?"王超这才停下来一看，自己的左手不见了! 自手腕以下空荡荡的，整个手掌都没了。可能因惊吓和疼痛过度，王超只说了句"在门口被他们砍掉了"，就昏迷过去了。民工们看到出了大事，赶紧背上他返回项目部院门口，找到了那只戴着帆布手套的血淋淋的左手手掌……

一只劳动的手就这样被活生生砍断了! 辛辛苦苦干了一年，竟因讨薪被砍断手! 这事件发生在2008年初春的南京!

寒风在呼号，大雪在飞舞，那一只断手在寒风中滴着鲜血!

此事迅即惊动了省市两级公安机关，警灯闪烁，警笛鸣叫，剑指案发地溧水。江苏省公安厅、南京市公安局先后派出刑侦专家和当地警方一道展开侦破工作。

南京各大媒体迅速介入，随着媒体报道的扩散，该事件一时间成了社会关注的焦点。

在强大的舆论压力下，1月22日，作案后畏罪潜逃至溧阳等地躲藏的李氏兄弟分别在溧水县和溧阳市向当地公安机关投案自首。

此时，王超已被送往空军四五四医院救治。承建该项目的中建某局自知闯下大祸，为平复事态，公司上层通过媒体向被砍农民工王超致歉，并安排专人到医院陪护，支付了相关的医药费用。由于救治还算及时，经过断手再植手术，王超的左手基本保住，但大部分功能丧失，伤情鉴定属重伤。此事被定性为"1·16"民工讨薪被砍案。

王超断手案发生后，省市两级法律援助机构迅速介入。

在南京市北京东路41号那座散发着古香古韵的院落内，一场新闻发布会正在召开，政府新闻发言人代表南京市委、市政府向各路媒体通报了"1·16"民工讨薪被砍事件的调查进展以及前期的处理决定。南京市政府要求公安机关认真破案，严惩凶手；并决定将中建某局清除出南京建筑市场，禁止其在南京承接所有的工程建设项目。江苏省建设厅对中建某局的恶劣行为也依法进行了处罚。

随后，南京市司法局和市法律援助中心迅速调集精兵强将，对讨薪被砍农民工进行法律援助。当得知被害人王超手部再植手术完成，病情稳定可以探视后，时任南京市法律援助中心主任陈宣东等人立即冒雪赶往医院看望，叮嘱王超安心治伤，争取再植的左手能够恢复功能，并表示对拖欠工资和人身损害赔偿等维权事宜，法律援助中心一定尽全力提供法律帮助。1月26日，陈宣东主任等人又带着慰问品再次到医院看望王超，在病房现场为他办理了法律援助手续，决心帮助他打赢维权这一仗。

王超被砍手案，也惊动了江苏省法律援助基金会。基金会特事特办，理事长王霞林快速批复，对及时为王超提供法律援助给予充分肯定，并在第一时间划拨专款对办理王超案件的法援律师提供资金帮助。

王霞林叮嘱南京法援人员，要运用法律手段，积极为王超讨回公道，必须最大限度地维护遭受不法侵害的农民工兄弟的合法权益。

南京市法律援助中心召集律师行业的几位知名律师一起分析案情，研究法律援助实施方案。专家们分析了王超维权所面临的几个困难和问题。首先，主要的用工方和赔偿主体已被建设部门清除出江苏省的建筑市场，这给追偿工资和后期赔偿带来困难；其次，事件已经涉嫌犯罪，侵害人既有刑事责任，也有民事责任，受害人应如何向侵害人和单位追偿责任；最后，受害人仍处于治疗恢复期，需要相当长时间康复后才好计算人身损害赔偿费用，这段间歇期如何保护受害人利益，使其得到妥善治疗。

经过讨论分析，南京市法律援助中心专门拟定了几项措施：一是将王超援助案件作为重点案件进行督办；二是通过刑事代理和民事代理两部分分别实施法律援助，积极协助司法机关打击侵害农民工群体的犯罪行为，通过单独民事赔偿代理为王超争取最大化的民事赔偿；三是制定措施，加强与公安、信访、劳动等部门的衔接，完善农民工讨薪绿色通道，共同防止类似事件再次发生。

李氏兄弟自首后随即被刑事拘留，同年 2 月 25 日被溧水县检察院批准逮捕。南京市法律援助中心指派市律师协会会长薛济民代理此案的刑事部分。薛济民律师进行了认真、细致的准备，通过溧水县检察机关调阅了该案全部刑事侦查卷宗，并摘录了各有关当事人的讯问和询问笔录，前往医院调阅了王超的治疗病历，制作谈话笔录，拟定了代理意见。

5 月 13 日，该案在溧水县人民法院开庭审理，薛律师发表了 3 条代理意见：一是李氏两兄弟的行为均构成犯罪，被告人李小某将王超左手砍下致人重伤，应追究其故意伤害罪；李大某明知其弟涉嫌犯罪还为其提供资金，联系车辆帮助躲避处罚应追究其窝藏罪。二是因被告人李小某故意伤害行为手段残忍、性质恶劣并有前科理应从重处罚。三是被告人李小某还应对被害人承担民事赔偿责任。考虑被害人仍在治疗阶段，民事赔偿部分保留单独提起权利。经过审理，法庭采纳了法律援助律师的代理意见。

6 月 4 日，溧水县人民法院对该案刑事部分进行判决，李小某犯故意伤害罪判处有期徒刑 5 年 6 个月；李大某犯窝藏罪判处有期徒刑 6 个月。侵害农民工王超的两个直接凶手受到了法律严惩，正义得到了伸张。

数年后，回顾案件处理结果，我曾产生疑问，李大某和李小某虽是凶手，但只是执行者，两个直接凶手被判刑，而事件的始作俑者，带中字头的建筑企业项目部负责人却逍遥法外？

我曾就此事和一位律师朋友探讨，他说："只要两位凶手把责任揽在自己身上，说砍人是自作主张，那这位项目部负责人就不会承担法律责任。除非有直接证据证明是他指示李某等人砍的！大多情况下，涉案人早已拿出金钱封口，让直接砍人者扛下责任。"

2014 年 3 月某日，发生在广东英德市的一个欠薪被砍死亡事件情形也大抵如此。

那天，农民工赵智明为了讨回自己 8000 元工钱，遭到欠薪单位员工的砍杀而丧命。赵智明是广西全州人，这天他和 21 名广西全州老乡，到位于英德市郊的中铁十五局广乐高速 T22 标项目部讨要已拖欠半年多的工钱。下午 1 点多，讨薪未果的工人无奈离开项目部，不料十多分钟后，就被一伙人截住。

同乡赵新彪回忆当时情景："来了 3 辆车，前面两辆在埋伏，后面追来 1 辆堵住，20 多个人拿着一米多长的大砍刀和铁棍，二话不说就冲我们杀过来。工友们手无寸铁，一下子就被打蒙了，很多人被打倒在地，之后四下逃散，待这伙人扬长离去，工友们才发现赵智明倒在路旁山沟里，血流不止。我大声喊他，他眨了一下眼皮，就不行了，没留下一句遗言。"

警方证实，赵智明被刀砍断右腿大动脉，医生到场时已失血过多休克死亡，另一名工人唐阿明被砍伤左大腿和臀部。

英德市公安局刑侦大队侦办查明，当天下午带头打人者为李玉坤等4 人，均为项目所在地附近城南廊步村人。其中李玉坤是中铁十五局项目办的员工，根据合同显示为该项目部的材料承包运输商。

讨薪工人反映，他们和李玉坤并无宿仇，这次伏击砍杀，是中铁十五局项目部指使李玉坤干的，是对他们讨薪的报复。赵新彪说："每次讨薪，项目部负责人都态度强硬，或拒而不见，而李玉坤每次都在现场，他实际上就是帮项目部'看场子的'。那天中午，项目部部长李贺培还在食堂打了讨薪工人，发生人命案后，项目部却将自己撇得干干净净。"

那几年的现实是，城市空前大发展，成为遍地开花的工地，农民工大批涌入城市，企业欠薪、农民工讨薪成为大中城市司空见惯的现象、媒体频发的新闻、各级政府面临的世纪难题！

细究之，建筑企业或许也有其难处，那时招投标不像后来这样逐步规范，为了接到工程，私下拿钱疏通关系，得到项目后，层层分包，偷工减料，豆腐渣工程不说，还克扣工人工资。再说，各地大开发，欠的都是银行的钱，政府负债经营，潜规则的做法是让工程方先垫钱，工程方又要买材料，又要付工资，还要去别的地方承包工程，摊子越铺越大，资金就越紧张，拖欠克扣工人工资成为无良老板屡试不爽的招数，欠薪后对付讨薪工人最简单直接的方法就是拳头棍棒伺候。

每到年关，企业流动资金收紧，农民工为讨到一年的血汗钱有的爬上电线杆，有的爬上高楼……

回到王超一案。

那年 6 月，王超被砍手案宣判，两个直接凶手得到应有惩处，但王超的欠薪和赔偿问题却悬而未决，一直没有落到实处。

官司打赢了，钱却拿不到，王超欲哭无泪。

王霞林和基金会一直在关注着此案，得知王超没拿到赔偿款后，他直接找到南京市某位分管政法的领导，希望他能督促相关部门，尽快给欠薪的农民工一个交代。分管政法的领导很热情，一口一个老领导，表示一定依法办案，给王超一个满意的答复，可是数月过去了，事情依然停留在原处。

国家企业的项目也发生拖欠农民工工资问题，在过去难以置信。基金会例会上，大家对案件进行原因分析，认为这个案件具有典型意义，就是工程被中标方层层分包，具体到某一个工地，项目已被分包几次，中标企业已经付过项目的钱了，可不知此款被下面的分包商截留，层层剥皮，到不了工人手里。因而中标的企业不愿当冤大头，再另掏一份钱。

案件不了结，王超等农民工兄弟就拿不到血汗钱，怎么办？

王霞林在会上说："这件案子能否圆满解决，关系到政府信誉，关系到法律的尊严，我们法律援助人不能让进城务工的农民兄弟寒心，所以就是找天王老子也要为他们讨回公道！"

"找天王老子也要为他们讨回公道！"像一声惊雷炸响在基金会每个人的心底！

那天会后，王霞林和时任江苏省委常委、南京市委书记朱善璐通了电话，通报了此案的进展。

朱善璐闻听此事也是雷霆震怒，南京是一座包容开放的城市，竟然发生农民工讨薪反被砍手这等恶劣事情，立即指示相关部门加大办案力度。他指示：对粗暴对待农民工的企业一律列入黑名单，永远禁止这类企业进入南京市场！如果企业不来结案，不管它是什么来头，也要依法让它付出数倍损失！

一个普通农民工的命运牵动着两个共产党高层领导的心。

南京市法律援助中心迅即给在上海的中建某局发出了法律意见书，希望双方就拖欠的工资和损害赔偿问题进行商谈。在此之前他们已经指派在人身损害赔偿方面有专长的两名知名律师具体承办王超案民事赔偿部分的法律援助。为准确把握王超伤情、计算赔偿数额，专门为王超启动司法鉴定援助机制，指定南京金陵司法鉴定所为王超进行免费的司法鉴定。

两名承办律师先后两次前往上海，分别找中建某局和另一赔偿义务单位领导交涉，阐述了这起事件给各方带来的不利影响，希望从维护企业形象和农民工合法权益的角度妥善处理赔偿问题。

律师有理有据的说服和认真细致的工作态度，使两家单位深受震动，派人专程到南京，表示认真对待，积极配合处理好相关后续问题。

2008 年 12 月 2 日上午，王霞林理事长刚到办公室，就接到基金会常务副理事长吴晶报告，已安排好当天去南京市法律援助中心慰问农民工王超。王超见到王理事长，眼含热泪，心情激动，紧紧握住王老的手不愿松开，对王老说："还是南京的好人多，我的手虽然不幸受伤，可是这段时间社会各方给予的帮助，使我的心总是暖暖的。"

王霞林叮嘱王超一定要继续治疗把手接好，加强康复锻炼，要相信党，相信政府，相信法律援助，一定能还给他一个公道。

王霞林用坚定的话语对王超说："有什么困难我们大家一起来帮助你解决！"一番暖心的话语直通王超心底，这个四川汉子止不住泪眼婆娑。

2009 年 8 月 14 日，在法律援助律师见证下，王超和中建某局等四方当事人签订了赔偿协议书。王超被拖欠的工资款由中建某局负责直接优先支付，并且一次性支付给王超人身损害赔偿金 20 万元，王超对此结果表示满意。历时 1 年零 8 个月，轰动一时的农民工讨薪被砍手案件在法律援助基金会的持续援助下，终于成功办结。

时隔多年，吴晶对这一案件依然记忆深刻，他说："建筑公司找的什么保安？就是召集了当地社会上的一帮混混，说重一点就是黑社会性质，这些人平时靠给人讨债、收保护费过日子，身上描龙画虎，脖子上挂串大金链子，其实那些大金链子有些并不全是金的，一些小喽啰买不起，就买一串镀金的挂上，显得气派。为了唬人，就在身上刺青，人家身上有，你身上没有显得另类，也不自觉地刺了，你画个虎，我刺个鹰，就叫鹰虎帮，讨债时，呼朋唤弟，把袖子一撸，露出胳膊上的老虎、鹰啥的，对方看了就害怕，也就是起个视觉吓唬作用，没啥真功夫。那次知道王超等人要来讨薪，工程项目部的负责人答应李某等人，摆平了每人发多少多少奖金，拿人钱财，替人消灾，李家兄弟就拿刀干了。"

社会底层有些事不按正常的逻辑出牌，很难用正常的道理说清，不然怎么会有 2019 年的扫黑除恶。

令中字头公司没想到的是，他们在南京遇上了法律援助基金会，遇上了现代的"包青天"，江苏省法援基金会全程关注，依法维权，舆论监督，王超等农民工终于等到了一个公道。

王超要走了，他要离开这座江南城市回到他的故乡，回望这座曾给他带来悲伤的城市，他并不失望，那只再生的断手，使这个四川汉子看到了这座古老城市中的一抹亮色。

第二章

司法救助，为一个农民工而启动

那年冬天，南京接连发生两起农民工讨薪被砍事件，四川小伙王超被砍断手，江西青年付行光被砍伤头。这两起触目惊心的案件，就是令王霞林难以容忍的因农民工讨薪引发的砍头剁手案。他经常将这两个案例说给周围人听，用以说明法律援助制度的重要性。

　　案件发生在浦口某小区门口，因为讨薪，江西青年付行光被老板拿刀砍头。幸而那一刀砍歪了，他被削去了一块头皮和半只耳朵。

　　2007 年 12 月 15 日，一大早付行光就赶到浦口区泰山街道某小区门口，因他的老板陈某住在该小区。付行光自江西九江来南京打工已经两个年头了，主要是在陈某手下给业主做装修。装修是个技术活，也是个辛苦活，为省钱，一般是住在给业主装修的房子里，破墙开洞时粉尘大，油漆刷墙时气味刺鼻，天天蒙头污面，穿的是破衣烂衫，吃饭是凑合，一顿饥一顿饱，这些付行光都能够忍受，为了一家老小的生计着想，他必须忍。最不能忍的是活干完了拿不到工钱。装修工的工资不是一月一结，而是房子装修完了，老板才给钱，因而拖个三五个月都正常。眼见临近年底就要回老家过年了，老爹老娘在家盼望着，老娘时常站在村口望眼欲穿，可付行光还有大半年的工钱没拿到。其实，老板也有老板的难处，他同时接下了几套房子装修的活，因为竞争激烈，平时情况下要先垫钱出去，利润又低，只好克扣拖延手下员工的工资。就要回家过年了，在外辛苦一年，谁不盼着早点回家，万般无奈下，付行光就到老板住的小区来堵他，等到中午，付行光终于在小区门口堵住了刚刚回来的老板陈某。
　　"陈老板，工资的事，你看……"
　　"不是跟你说过了吗？会给你的！急什么急啊？"
　　"怎么不急？你老是这样拖着，我们也要生活啊，眼见快过年了，家里急等着用钱啊!"

"谁不等着用钱?这是住家小区,不是单位,你他妈不要在这里闹啊,要不然老子不客气了!"

"你怎么骂人啊?"付行光看到陈老板态度蛮横一脸凶相,既恼火又害怕,他想让老乡小孙赶过来给自己壮壮胆,就掏出手机拨通了小孙的电话。

这一下不当紧,陈某脑袋立时炸开了,"好你个付行光,你一个外乡人,今天是铁了心要和我过不去,还要拉其他人过来帮忙打架是吧?好,老虎不发威,你当是病猫哪!"心里一激动,头脑不做主,趁着付行光打电话的空当,跑回家从厨房抄了一把长柄水果刀出来,不由分说,对着付行光的头"哐哐哐"就连砍几刀,付行光当场就倒在地上……

付行光倒地,鲜血直流,路人惊呼,陈某被吓傻。老婆在一旁直喊:"你杀人啦!你杀人啦!快跑哇!快跑哇!"陈某这才清醒过来,意识到自己刚才的疯狂举动已经闯下大祸,成了持刀伤人的凶手!跑?往哪儿跑?能跑到哪儿去?!他面无血色、垂头丧气地拨打了110,他知道无处跑,只好让警察来处理。待警察赶到现场,问清情况,他束手就擒,同时,付行光被紧急送往医院抢救。

付行光父母听到消息后,急忙从江西农村赶到南京。看到病床上昏迷中的儿子,二老肝肠寸断,这是造了什么孽呀,要工钱还被砍?天下还有讲理的地方吗!老母亲哭天喊地,几天几夜茶饭不思。在精神和经济的双重折磨下,心急如焚的老人也病倒了。屋漏偏逢连夜雨,这个原本还算平安的农村家庭一下子陷入了塌天般的困境……

苍天眷顾,住院治疗53天后,付行光基本痊愈出院了,但右手落下了残疾,工作能力严重削弱,右脸从额头到下巴留下一道长长的伤疤,这对于一个尚未恋爱结婚的小伙子来说,无疑是肉体和精神上的双重伤害，付行光变得沉默寡言了。

陈某故意伤害案迅速转入检察机关审查起诉阶段，浦口区人民检察院向付行光送达了委托诉讼代理人权利告知书。经街道法律援助中心介绍，付行光找到了江苏维世德律师事务所的陈静律师，想委托他代理刑事附带民事诉讼，向陈某讨要被拖欠的工钱和人身损害赔偿。江苏维世德律师事务所是被江苏省司法厅表彰的"法律援助先进集体"。陈静律师接待了付行光，仔细了解案情后，对其不幸遭遇深表同情。出身农村又早年当兵多年的他，深知农村家庭生活的艰难、农民工打工的不易，对农民工讨薪案件十分敏感，身为一个退役军人、一个党员律师，使命感与责任感让他毅然接受了付行光的委托。

申请司法鉴定，调查收集证据，起草诉讼文书，陈静律师紧张细致地展开了各项诉讼准备工作。经南京金陵司法鉴定所鉴定：付行光右手损伤伤残等级九级；神经功能障碍、日常活动能力轻度受限伤残等级十级；面部瘢痕形成达到10厘米以上，伤残等级十级。

2008年4月3日，浦口区人民法院开庭审理此案，做出了刑事附带民事判决：被告人陈某犯故意伤害罪，判处有期徒刑6年。支持被害人付行光的诉讼赔偿请求，陈某应于判决生效后10日内一次性赔偿附带民事诉讼原告人付行光医疗费16736.9元、误工费4549.7元、护理费2650元、交通费800元、住宿费480元、整容费5444.8元、营养费450元、住院伙食补助费954元、残疾赔偿金67603.2元、鉴定费1660元，合计人民币99668.6元。

判决下来了，陈某自知有罪，表示服从法院判决，不再上诉，但他提出自己身陷囹圄，无力赔偿付行光的损失。付行光随即向法院提出了强制执行申请。法院在执行过程中未查到陈某有可供执行的财产，受害人付行光也无法向法院提供陈某具有可供执行财产的线索。转眼间半年就要过去了，执行工作依然毫无进展。浦口区人民法院于2008年9月

28 日裁定终结执行。

赢了官司却拿不到一分钱，案件得不到执行，这份判决书在付行光全家眼里就近似于一张白条。可以想见，遭遇砍头的付行光一家人心中的悲哀到了极点，半年前拿到法院判决书时的那份慰藉顷刻消散，希望变成了绝望，别说被欠的工钱，连医药费都是找七大姑八大姨东挪西凑的！全家人愁容满面，阴霾密布，对法院裁定的不信任情绪潜滋暗长。母亲说："儿啊，认命吧！南京人还能向着咱外乡人吗？"

付行光后来说，因伤欠债差点把自己逼疯，那些时日，自己什么都不想做，关在屋里胡思乱想，杀人的心都有！

难道此案真的成了死结？

付行光的遭遇偶然间传到了江苏省法律援助中心主任翟洁君耳朵里，翟洁君有一个亲戚和付行光是江西同乡，在一次闲谈时说起了此事。亲戚说："到你们南京打工的环境很不好，讨薪被砍头，赢了官司却拿不到钱"。说者无心，听者有意，翟洁君随即与付行光的父亲通了电话，详细询问了案情。付行光由于刀伤伤及脑部神经，如今，常常前言不搭后语，情绪极不稳定，身上和手上的伤使得他无法再外出打工，甚至在家也做不了什么事，成天呆坐在家门口或躺在床上，原本年轻的壮劳力反倒成了全家的拖累。为了给付行光治疗，全家东挪西借凑起七八万元，还不知什么时候才能偿还，这个本就非常困难的家庭陷入了更深的困境……放下电话，翟洁君内心久久不能平静，面对弱势群体，法律援助必须行动！

在一次法律援助基金会的办公会上，翟洁君向省法律援助基金会理事长王霞林汇报了这个情况，王霞林非常重视。那时，王超的剁手案经法律援助刚解决不久，朗朗乾坤，欠薪不给，讨薪者还被残忍地砍伤，法理难容！王老决定将此案作为基金会重点资助案件，并予以全程关注。于是，围绕这个案件，省法援中心和省法律援助基金会联手展开了一系列工作。

基金会常务副理事长吴晶密切关注付行光的伤情，安排工作人员到江西九江市德安县付行光家中探望，了解案件细节以及当事人的有关情况。南京市法律援助中心也迅速介入此案，指派江苏法德永衡律师事务所律师章荣毕承办此案，深入调查陈某可供执行的财产，并联系此前为付行光代理的陈静律师提供协助。

援助律师首先赴南京市房产局档案馆调查陈某在浦口区泰西路两处房屋的登记情况，了解陈某是否为该房屋的产权人。了解结果让他们大失所望，不仅这两处房屋的产权人都不是陈某，而且也未查到陈某在其他地方有任何房产登记记录。

接着，法援律师又走访了陈某住所地的铁桥居委会，希望能有所发现。接待他们的居委会负责人说，据了解陈某原先的经营用房是租用的，其居住房可能是其父亲所在单位毛纺厂的房改房。居委会还派一名社工带路找到了经营用房的房主王某，王某出具了证明，证实房子归自己私人所有，是租给陈某开装潢店的。律师们又到泰西路某大院了解，这是毛纺厂职工住宅区，陈某的父亲已经回农村居住了，原住房已经出租。邻居说："买房改房时用的是陈父的工龄，买房人有可能是陈某的名字，你们可以到毛纺厂留守处查查看。"

在毛纺厂留守处，法援律师没有查到陈某或陈父买房改房的底档。根据留守处房管人员的建议，他们又到浦口区房产局查证，仍然没有查到相应的买房记录，至此，法援律师的调查工作陷入困境。

法援律师心有不甘，2009 年 5 月 15 日，章荣毕律师他们再次来到市房产局档案馆，试探性地指名调取陈父的房产档案资料，终于调出了有关陈某居住房的资料，载明其所有人为陈父，无共有所有人之登记，且未见产权变更记录。

经过一番紧锣密鼓的调查，除了这两处并不属于陈某的房产外，法律援助律师也没有调查到陈某其他可供执行的财产。

法援律师无奈，将情况通报给了付行光。付行光见律师为自己的事不辞辛劳东奔西走，心有感动，知道确实找不到陈某可供执行财产，对法院的裁定也表示了理解。理解归理解，家庭的现实困境付行光却难以走出，一家人只叹自己命苦，其身心的伤痛难以消除。

信息反馈到省法律援助基金会，面对这一结果，王霞林陷入深思，"衙斋卧听萧萧竹，疑是民间疾苦声；些小吾曹州县吏，一枝一叶总关情"，办公会上他强调：农民工是城市的建设者，也是城市的弱势群体，尊重农民工的劳动，其实也是尊重我们自己，爱护他们，就等于爱护我们的城市。农民工付出了辛劳，却遭欺侮，甚至为了要回自己的一点劳动报酬而屡屡被伤害，法律有时在现实面前却显得苍白，如果生效的判决执行不了，受到不法侵害的农民工兄弟就会对公平正义产生不信任，从而对政府产生不信任，增加社会的不安定因素，所以我们不能坐视不管，应当另辟蹊径，寻求在现有法律框架下的合法、合理解决方案。

有没有其他途径解决当前存在的法治困境？基金会工作人员分头就此事咨询法律专家。王霞林专门就此案向南京高层领导做了通报，说农民工欠薪无小事，希望能从维护南京城市形象和法治环境的高度予以重视解决。与此同时，南京市司法局也就此案向市委政法委做了汇报，请求政法委协调有关部门，共同商议解决办法。

多方协调研究后，审理此案的浦口区人民法院决定启动刑事案件被害人救助机制，在涉事当事人无能力赔偿的极端情况下，由区法院按照赔偿金额先行全额救助付行光。

南京的基层法院对一个外地农民工的伤害案启动政府的司法救助机制，这在南京的历史上尚属首次！

2009 年 6 月 12 日，在陈静律师的陪同下，付行光和他的父亲来到浦口区法院，与法院执行局签订了司法救助协议，拿到了司法救助的99668.6 元的现金支票。

付行光百感交集，自己一个江西老表，在南京举目无亲，一年多来却得到南京上下无数陌生好心人的帮助，为他的事东奔西走，辛劳付出。手握现金支票，他止不住热泪盈眶，南京曾是他的伤心之地，现在发现却是处处充满温情，充满温暖，充满大爱！他想，如果不是法律援助，不是基金会的领导，自己一个外地农民工怎么能够在南京打赢这场官司，拿到自己应得的赔偿？

那一天，付行光和他父亲从浦口区法院拿到现金支票后，并没有立即离开南京，中午，他们父子俩在一家小面馆一人吃了一碗最便宜的青菜油渣面，而后去街上的锦旗店花 40 元制作了一面锦旗。老父亲对付行光说，他到现在仿佛还在做梦，他不相信在一个外省市，有那么多素不相识的省里干部会为他这个素不相识的农民工出头，所以他一定要见见这些恩人，他要亲自向这些恩人表示感谢。父子俩手捧锦旗来到了江苏省法律援助基金会，他们如愿以偿见到了王霞林理事长和他基金会的同事们。付行光的父亲，一个种了一辈子地的农民，双手颤抖着握住了王霞林的手，哽咽道："政府啊，你们对我们外来打工的农民这么关心，我们无以为报，我跟儿子商量，就送面锦旗吧，谢谢领导，谢谢政府，谢谢法律援助！"王霞林一把没拉住，这位饱经沧桑的江西农民扑通一声跪了下来。王霞林赶忙扶起老人家，握着他那双粗糙的布满老茧的大手，请他坐下，并请工作人员端来一杯热茶放在他面前，对他说，为群众排忧解难是我们应尽的责任！要使人民群众在每一个案件中感受到法律的公平，希望你们多多监督我们的工作，使我们在今后的工作中做得更好！老人连连应诺，那双捧着茶水的手一直在颤抖着。

那天，付行光父子离去后，王霞林略有所思地对吴晶说，农民太善良了，我们要善待他们！其实，只要横下一颗为人民群众解决问题的心，就没有解决不了的问题，关键是有没有这个决心，是不是真心为他们着想！不过有些问题还是要设法从制度层面上去解决，要加强立法，使我们对农民工的法律保障制度更加完善。

从制度层面上加强对农民工合法权益的法律保障！这是智者之言，王霞林深邃的目光看向远方！

从冬天到夏天，南京市北京西路上，道路两旁的法国梧桐枝叶繁茂、郁郁葱葱，就在那个明媚的夏日，司法救助，为一个农民工而悄然启动，法律援助以这种政府买单的方式兑现了对农民工兄弟的承诺！

第三章

灵魂的叩问

农民工讨薪被砍案件，引发众多善良的人关于灵魂的叩问：

诚实、守信、善良、仁义是我们的祖训，现在这些都被丢弃了吗？

资本呼风唤雨，劳动者得不到应有的尊重，甚至血汗钱得不到保障，我们这个社会怎么了？我们的现代城市怎么了？

法律援助基金会把"案结、事了、人和"作为行为的座右铭，不但贴在墙上，而且铭刻在心中，这是法律志愿者的使命所在。

王霞林将这一理念反复强调，大会讲、小会说，甚至让人觉得唠叨，但潜移默化，基金会的成员们在他的唠叨声中将这一理念铭刻在心。

法律援助的对象是社会弱者，然而这些援助对象身上折射出的善良、勤劳、诚信的品格却闪耀着我们民族精神的光芒！志愿者们在提供法律援助的同时也在法援服务对象身上汲取着养分。

最让基金会的志愿者们难以忘怀的是湖北农民周本富，因为法律援助，王霞林和这位普通农民结下了友谊。

故事发生在 2012 年。

那年年初，江苏省法律援助基金会在安排全年工作时，将"法律援助环省行电视巡礼"摆上了议程。这一动议获得江苏省司法厅和江苏省广电总台的积极响应，数十名新闻记者乘坐挂有"公平正义之歌——法律援助环省行电视巡礼"标语的依维柯面包车高调宣誓出征，目的是扩大法律援助影响力，对欠薪不还的企业老板形成舆论震慑力！

2012 年 5 月 14 日，在"公平正义之歌——法律援助环省行电视巡礼"启动现场，一位朴实的农民工拿到了法援律师帮他追回的 44000 元工钱后，情不自禁地两次下跪，感谢江苏人民，感谢法律援助。

同样在启动现场的省法律援助基金会理事长王霞林上前将他扶起，充满感情地讲了如下的话：最应该感谢的不是我们法律志愿工作者，而是这位农民工兄弟，是他的高尚品格征服了我们，给我们上了生动的一课，他身上反映出的中国农民朴实、憨厚、诚恳、善良的品质，令人动容，也使那些欠薪不还的老板无地自容！

男儿膝下有黄金，下跪的农民工叫周本富，湖北人，为讨薪，他数次往返于湖北老家与南京，历尽艰辛与委屈；也因为讨薪，他让社会重新认识了什么是中国农民的坚忍与善良。

周本富是湖北黄冈人，不识字，但有一手祖传的木工手艺。2010年11月，他和同乡肖某等6人来到南京，在江苏某建设集团项目部的2号楼，给项目包工头罗某干木工活。6个人干了3个月，起早贪黑，累死累活，一直干到腊月廿四，活干完了。结算下来，6人的工资合计是5万元。当时有个工友受了伤，包工头罗某就开车把受伤的工友及其他人一道送回了家乡，并承诺会把全部工钱在回去的第二天就打到周本富的银行卡上，由周本富转给别的工友。周本富本性善良，相信了罗某的话。但几天过去了，罗某许诺的工钱并没有到账，周本富再打罗某的电话，关机了，这才知道罗某玩的是套路。其他同村的工友们并不知情，以为钱到了周本富账上被他挪用了，所以堵在他家里要钱，任周本富说什么也不相信。老实巴交的周本富从未被人这样追过债，被工友们误会，却百口难辩，自己同乡亲们一样穷困，家中又拿不出钱来，年关临近，家家要用钱，看到乡亲们那一双双渴望的眼神，周本富心如火蒸，万般无奈，为了让乡亲们过个好年，也为了自己的清白，最后他做出了一桩被人指为"傻"的事来——把家里在镇上原有的一处房子便宜卖了，先行垫付了几位同乡工友的工钱。124平方米的房子，一共才卖了8万多元。而他做这一切都是为了一个"信"字！

2011年的春节，周本富的年并没过好，因为罗某的电话始终打不通。等到春节过完，罗某终于接了他的电话。周本富说明自己已为他垫付了工钱，催促他赶快还钱，罗某嘴上说好话，实际上却在拖延，对周本富说，钱会给的，但现在没钱，你再等等。好心人提醒周本富，你手上也没个欠条，又没跟他签订用工合同，时间一长，他不认账该怎么办？农民的心诚实，最后想出了一个不是办法的办法，就是到南京继续给罗某干活，一边干活，一边跟他要钱。此时同乡工友们知道了内情，知道罗某并没按约支付工钱，是周本富卖房垫付了他们过年的应急钱，大家都有些过意不去。因而，5 位同乡工友写下要款委托书，请周本富作为他们的"催收代表"去南京向罗某要回被欠的工钱。

就这样，那年春节过后周本富带着同乡工友肖某等 5 人写的要款委托书，又回到南京在罗某身边干活。令他没想到的是，这债一讨竟是一年多！

边干活边要账，一干又是半年多，周本富好说歹说总算拿到了罗某打的 4 万多元的工资欠条。殊不知这位"周代表"为要账继续给罗某打了半年工，前面欠的工钱没要到不说，得到的只是新增的另一张欠条，半年来罗某又欠了周本富 14000 元工资。

眼见要钱无望，拿着两张欠条的周本富无心再跟着罗某干了，他换了工地，去给别人干活维持在南京的基本生活，一边打工一边找机会跟罗某要欠下的工钱。

2011 年 9 月罗某在支付给周本富 1 万元钱后就不再给钱。又到年关，钱要不到，年还得过，周本富万般无奈，找到一位律师，委托他通过劳动仲裁索要自己被欠的工资，然后只身回老家过年。春节刚过，律师通知他 2012 年 2 月 2 日将开庭仲裁。得到消息，周本富高兴万分，他以为这一下总算可以拿到被欠的工钱了，急匆匆赶赴车站设法买票。当他千里迢迢兴冲冲地从湖北老家挤车赶到南京时，得到的答复却是，仲裁委员会认为他与某建筑工程劳务有限公司之间无法确认为劳动关系。周本富顿时蒙了，因为双方没签订劳动合同，单凭欠条无法认定劳动关系。周本富这次彻底傻了，不知所措。

那天下午，周本富不知自己是怎样走出那个仲裁机关的，头脑昏沉沉的，脚底像踩着棉花，又像是灌了铅，深一脚浅一脚漫无目的地向外奔着，道路两旁的梧桐树阴森森的，光秃秃的枝干仿佛张着一张张怪异的嘴巴要把他疲惫的身影吞没。劳动仲裁裁决的不利结果，使周本富的精神濒临崩溃。2月3日晚，失魂落魄的周本富在南京市政府门口一直呆呆地坐着，不吃不喝，他口袋里只剩下100多元钱了，他不知道他该到哪儿过夜，接下来他该怎么做？这个老实巴交的农民要被逼疯了！

夜深了，四周静寂，空无一人，周本富依然在市政府的大门口坐着，弓腰曲背，像一个被丢弃的麻袋。他失魂落魄的模样引起了巡逻民警的怀疑，将他带至附近派出所询问。周本富内心的无奈和恐惧令他语无伦次，公安部门怀疑他精神有问题，只好开具证明，把他送去收容所……

他害怕被当作盲流遣返回乡，他要完成乡亲们的嘱托，留在南京找罗某要钱，于是他趁人不备，只身离开了收容所。可是他身上只剩100多元钱了，最便宜的旅社都住不起，又一个夜幕降临了，他将棉衣裹紧，偎缩在一个桥洞下过夜，就这样迷迷糊糊睡到夜半，刺骨的寒风把他冻醒了，他想起身，可是半边身子麻木了，动弹不得，他试着活动活动脚趾，慢慢身上有了点热气，就这样半睡半醒熬到天亮，肚子咕噜咕噜叫着，看到路边的早点摊直咽口水，摸摸口袋，1块钱一个的热包子舍不得吃，买了3毛钱一个的馒头去啃，口袋里仅有的100元钱他要省着花。以后的几天，经人指点他去了火车站的候车室过夜，比在桥洞里好过了许多。

南京的安德门有一个农民工劳务市场，一个偶然的机会，周本富听到了法律援助这件事，法律援助，免费帮穷人打官司？他抱着试试看的心理走进了安德门农民工法律援助工作站。接待他的正是安德门工作站的站长汪晨，他听周本富断断续续地讲了事情的经过，很是同情，也为他卖房垫钱的行为所感动。汪晨对他说，你身上没钱，在南京怎么过？

根据公安部门开的证明，再次帮他联系了南京市收容所，这样暂时可以解决他的食宿问题。一听又是去收容所，周本富十二分不愿意，汪主任告诉他，因为打官司不是一两天，他需要在南京待上一段时间，在收容所他的一切食宿都可以解决。周本富才同意下来，去了收容所。汪站长同时指派志愿律师肖芳芳，为周本富提供法律援助。

根据《中华人民共和国民事诉讼法》，起诉的条件之一就是要有"明确的被告"。可周本富对包工头罗某的自然情况并不了解，除了知道姓名性别，其身份证号码、出生日期、具体住址等一概不知。

肖律师双管齐下：一是设法摸清罗某的自然情况，通过法院走诉讼程序，凭欠条以民间借贷之名打官司"要债"；二是通过公安这条线寻找罗某本人，进行调解，直接"要债"。

要债的过程一波三折。

肖律师陪着周本富来到赛虹桥派出所，查问罗某的自然情况，但是同名同姓的人很多，公安部门不可能提供每个人的情况。他们只好又与该工程项目部联系，了解罗某的身份证信息及在南京的工程项目，采取"守株待兔"的笨办法，在项目部大门口守候罗某。

春节过后是南京最冷的时候，温度一直在零下徘徊，他们就这样苦苦守候了一个星期。工程项目部经理的心最终软了下来，给罗某打去电话施压，若再不出现，今后业务就别想做了！罗某害怕得罪项目部，今后拿不到工程业务，便主动和周本富取得联系，约定时间地点商议还款事宜。到了约定时间，周本富和肖律师在寒风中从下午3点一直等到6点，冻得瑟瑟发抖，罗某却打来电话说有事来不了，以后再说。罗某言而失信，把两人的肺都气炸了。肖律师并没放弃，多方奔走联系，2月13日，终于再次同罗某约定了面谈时间。

2月14日上午，罗某终于出现了。在项目部办公室里，罗某、周本富、法律援助肖律师、项目经理一起参与了调解。一开始，罗某恶人先告状，气势汹汹地对周本富说："你把我搞臭了，找别人要钱去，反正我没钱，我还没找你要名誉损失费呢？你要告就告，大家都是养儿子的人，我没钱！"现场的火气一下子被挑了起来，肖律师看向罗某，压住火气，耐心地向他解释相关法律规定，只要借条不是伪造的，有正式的签名，就要承担相关法律责任。罗某一听又火了，"这是我和老周的事，你一个女的插什么嘴，你给我小心点。"

肖律师并没有被吓倒，正色道："欠债还钱天经地义，何况欠的是人家的血汗钱！周师傅卖房凑钱给乡亲们过年，和周师傅比，你还是人吗？"一番话说得罗某无言以对，低下了头。肖律师继续分析利弊，希望罗某能提出几个还款方案来。罗某几经思虑，承认了借条的真实性，但是提出："一是5万元的欠条我只能给3万，1万元我已先期支付了，另1万元是周本富老乡的看病钱，要扣的；二是剩下14000元，到2012年7月或8月项目结算时我们再谈。"

看到罗某还想拖延赖账，肖律师早有准备，她事先联系了媒体记者，此时请记者进入项目部采访，将罗某的谈话录音录像以作证据。谁知，工程项目负责人见来了记者立即翻了脸，企图阻挠，指示项目部保安队长带大批工人围堵记者，不让记者进入工地，场面一度混乱。后来在接报赶来的110民警协助下，记者终于采访到了罗某本人。面对记者罗某承认欠了周本富等人的工资，但他说现在经营困难，没有钱。并表示另一笔14000元的工钱，则应由木工老板宋某支付。而宋某却说这笔钱他已经给罗某了。就这样两人推来推去，根本没有解决问题的诚意。

肖律师忍无可忍，她拿出刑法对罗某说："你如果不接受调解，就只好走诉讼途径！"她向罗某出示了相关法律条文，并进行了解释。

根据《中华人民共和国刑法》有关规定，现就办理此类刑事案件适用法律的若干问题解释如下：

第一条　劳动者依照《中华人民共和国劳动法》和《中华人民共和国劳动合同法》等法律的规定应得的劳动报酬，包括工资、奖金、津贴、补贴、延长工作时间的工资报酬及特殊情况下支付的工资等，应当认定为刑法第二百七十六条之一第一款规定的"劳动者的劳动报酬"。

第二条　以逃避支付劳动者的劳动报酬为目的，具有下列情形之一的，应当认定为刑法第二百七十六条之一第一款规定的"以转移财产、逃匿等方法逃避支付劳动者的劳动报酬"：

（一）隐匿财产、恶意清偿、虚构债务、虚假破产、虚假倒闭或者以其他方法转移、处分财产的；

（二）逃跑、藏匿的；

（三）隐匿、销毁或者篡改账目、职工名册、工资支付记录、考勤记录等与劳动报酬相关的材料的；

（四）以其他方法逃避支付劳动报酬的。

第三条　具有下列情形之一的，应当认定为刑法第二百七十六条之一第一款规定的"数额较大"：

（一）拒不支付一名劳动者三个月以上的劳动报酬且数额在五千元至二万元以上的；

（二）拒不支付十名以上劳动者的劳动报酬且数额累计在三万元至十万元以上的。

各省、自治区、直辖市高级人民法院可以根据本地区经济社会发展状况，在前款规定的数额幅度内，研究确定本地区执行的具体数额标准，报最高人民法院备案。

第四条　经人力资源社会保障部门或者政府其他有关部门依法以限

期整改指令书、行政处理决定书等文书责令支付劳动者的劳动报酬后，在指定的期限内仍不支付的，应当认定为刑法第二百七十六条之一第一款规定的"经政府有关部门责令支付仍不支付"，但有证据证明行为人有正当理由未知悉责令支付或者未及时支付劳动报酬的除外。

行为人逃匿，无法将责令支付文书送交其本人、同住成年家属或者所在单位负责收件的人的，如果有关部门已通过在行为人的住所地、生产经营场所等地张贴责令支付文书等方式责令支付，并采用拍照、录像等方式记录的，应当视为"经政府有关部门责令支付"。

第五条 拒不支付劳动者的劳动报酬，符合本解释第三条的规定，并具有下列情形之一的，应当认定为刑法第二百七十六条之一第一款规定的"造成严重后果"：

（一）造成劳动者或者其被赡养人、被扶养人、被抚养人的基本生活受到严重影响、重大疾病无法及时医治或者失学的；

（二）对要求支付劳动报酬的劳动者使用暴力或者进行暴力威胁的；

（三）造成其他严重后果的。

第六条 拒不支付劳动者的劳动报酬，尚未造成严重后果，在刑事立案前支付劳动者的劳动报酬，并依法承担相应赔偿责任的，可以认定为情节显著轻微危害不大，不认为是犯罪;在提起公诉前支付劳动者的劳动报酬，并依法承担相应赔偿责任的，可以减轻或者免除刑事处罚;在一审宣判前支付劳动者的劳动报酬，并依法承担相应赔偿责任的，可以从轻处罚。

对于免除刑事处罚的，可以根据案件的不同情况，予以训诫、责令具结悔过或者赔礼道歉。

拒不支付劳动者的劳动报酬，造成严重后果，但在宣判前支付劳动者的劳动报酬，并依法承担相应赔偿责任的，可以酌情从宽处罚。

第七条 不具备用工主体资格的单位或者个人，违法用工且拒不支付劳动者的劳动报酬，数额较大，经政府有关部门责令支付仍不支付的，应当依照刑法第二百七十六条之一的规定，以拒不支付劳动报酬罪追究刑事责任。

第八条 用人单位的实际控制人实施拒不支付劳动报酬行为，构成犯罪的，应当依照刑法第二百七十六条之一的规定追究刑事责任。

第九条 单位拒不支付劳动报酬，构成犯罪的，依照本解释规定的相应个人犯罪的定罪量刑标准，对直接负责的主管人员和其他直接责任人员定罪处罚，并对单位判处罚金。

"解释完毕。"肖律师说，"现在就看你们的态度！"

见律师动了真格，罗某顿时软了下来。

下午2点，历经4个小时的谈判，双方终于达成一致，罗某给出还款计划：除了2011年9月已给了1万元外，又当场支付1万元现金，剩余44000元重新立了一张欠条，承诺于2012年3月31日前一次性付清。

法律援助介入一个月后，周本富拿着1万元钱和一张待兑现的欠条离开了南京。

转眼到了3月底，肖律师再次联系罗某，希望他兑现承诺支付剩余的工资款。罗某说："周本富是你什么人？你这么替他卖力？他是你亲戚吗？"

肖律师说："每一个受援者都是我们的亲戚，援助弱者是我们法律援助志愿者的职责!"

拖了一个月,在法援律师的紧逼下,罗某终于将这笔欠款交了出来。

在江苏省法援基金会与省司法厅、省广电总台联合举办的"公平正义之歌——江苏法律援助环省行电视巡礼"现场,周本富拿到了法援律师为他追回的拖欠工资款,这位善良朴实的湖北农民忆起讨债的艰辛历程,激动难抑,情不自禁地两次跪地感谢江苏法援。

周本富带着满满的感恩情怀回到了家乡,无以回报,便从家乡给基金会王霞林理事长寄了两斤自家采制的茶叶。王理事长收到茶叶后说,农民兄弟的一片心意我们不能拒绝。随即将茶叶转赠给了南京安德门农民工法律援助工作站,用来招待农民工来访者,并委托律师给正在生病开刀的周本富寄去了慰问金。王霞林在附言上写道:茶叶收下,寄上2000元聊表慰问,请安心养病。

2018年的某天,我拨通了周本富的电话,他告诉我最近两年他并没有外出打工,因为他文化低,外面的工也不好打,还经常被骗,他就在家乡打些零工。他还告诉我,那年5月,他将在南京发生的事情前前后后详细地告诉了正在部队服役的儿子,希望儿子好好服役,报效国家。儿子所在的部队专门请他去了一趟,请他给战士们讲在南京得到法律援助的故事,不仅儿子受到鼓舞,儿子的战友们也受到鼓舞,因为这事,儿子在部队安心服役,受到部队表彰。他说这一切都得益于法律援助,得益于法律援助基金会。当他得知王霞林已经从理事长位置上退下来后,特意又邮寄来2斤茶叶。他在电话中叮嘱我,一定要代他向王理事长问好,祝他健康长寿!他对我说,回去后他一直忘不了南京,南京是一座充满温情的城市!

我向他转达了王霞林理事长的谢意,并对他说:"其实,我们更应该感谢的是你,你用你的淳朴善良,给我们上了触动灵魂的一课!"

第四章

为弱者撑起一片晴朗的天！

周本富援助案过后，南京安德门农民工劳务市场法律援助工作站主任汪晨来基金会汇报办案经历，说起法律援助律师办案的艰难，王霞林若有所思地说："其实，全国人大常委会早在2011年2月25日表决通过的《刑法修正案（八）》，就正式将"恶意欠薪"纳入了刑法，然而在实践中，欠薪的情况不仅依然存在，而且并未有减少趋势，这说明什么？说明对恶意欠薪的惩罚力度还不够。只能寄希望今后办理这一类案件时，相关政法机关应加大刑罚执行力度，对拖欠农民工工资的恶意欠债人造成威慑，使他们不能欠，不敢欠！"

法律是社会公平的最后一道底线，法律援助是社会的良心之所在，天地良心，法治的天平不能倾斜。

某天，我和基金会的吴晶主任在淮安相遇，我们谈起了农民工欠薪的事，他对我说："在基金会的这段经历是他人生中最难忘的一段时光，没想到退休了，还能为老百姓做一些真正有益的事情。"

吴晶曾任徐州市委副书记，后来在省委政法委担任专职副书记，官至正厅，退休后被王霞林理事长的精神感动，到基金会任常务副理事长，主持基金会日常工作，他说："湖北那个农民工卖了房子给他带出来的农民工工友垫付工钱，自己只身到南京向老板讨薪，住过桥洞、被当过盲流。最后，我们帮他要到工钱后下跪，回去后给基金会寄来2斤茶叶。霞林主任说，那不是2斤茶叶的问题，是人心啊！他的儿子在部队，知道父亲的事情后很感动，向部队表决心安心在部队服役。部队把他父亲请到军营讲这段经历，战士们深受感动。还有那个被剁手的农民工，我们帮他去要工钱，老板放出狼狗，说，谁帮他就咬谁！你把人家手剁了哇！这么黑心！"

他略显无奈地摇摇头并说道："还有那个社区的环卫工夫妇，夫妻两个呀，只给不到2000元钱的月工资！2000元，不够大老板们在五星级宾馆的一顿饭钱！有时想想他们，心里就不是滋味！"

我问他："你在徐州当副书记时，没有这个感受吧？"

他笑笑无语。

　　吴晶主任说的社区环卫工人的事，王霞林在基金会会议上也多次讲过。那个农民工在某个街道社区做环卫工人多年，因为小区范围太大，一个人实在忙不过来，需要增加人手，他对街道的领导说，既然要增加人，不如让我老婆来帮忙，这样我们两人在一起还有个照应。领导立即答应，因为合适的环卫工人也不好找。这样，两口子就以小区厕所旁的杂物间为住处，开始了小区的清洁卫生工作，一干就是几年，几年中一直拿的是一个人的工资，而这工资在南京属于最低的，除去缴纳的社保费用，剩余不到 2000 元。这几年物价渐涨，两人生活捉襟见肘，不要说孩子结婚、孙子上学，就是两个人的日常开支也是算计再算计，平常舍不得买菜，在菜场下班时捡人家扔掉的菜叶子，一月不见荤腥是常事。小区里宝马、奔驰逐渐多了起来，两个人还是拉着那辆两轮胶轮车运送垃圾。老婆有了病，要住院，要吃药，环卫工人这才想起要街道增加工资，谁知街道只认一个人的工资，说，你老婆想干，那是你老婆的事。压根不提经街道领导同意这茬。环卫工人一气之下找到了安德门农民工劳务市场法律援助工作站，工作站一听这事不公平，便以法律援助名义找到街道，要求街道兑现环卫工人夫妻两人的工资福利。这一下捅了马蜂窝，街道并不买法援工作站的账，说，他要增加工资可以，那工作不让他干了！不仅不给增加，反而要把环卫工人开除。

　　一次，王霞林去安德门调研工作，听说了这事，面色很是难看，说这单位也欺人太甚，让媒体来给它曝曝光！这下街道慌了神，面子上难堪，各方都来说情，甚至动用了市里领导。王霞林权衡再三，为了环卫工人今后工作着想，把这事低调处理。街道也顺坡下驴，给环卫工人发了两人的工资，虽然都在南京市最低工资线上，两人加一起不足 4000

元，但毕竟认同了两人的工作。环卫工人千恩万谢，因为比起从前生活已是起色不小。

农民工遭遇欠薪，是受害者，在弱势群体受到不公正待遇时如果法律援助等社会力量不能及时介入，伸出援手，极易转化为群体事件，造成不良影响。

2015 年 8 月，四川某市就发生过农民工因讨薪行为过激而被判刑的事。

某市法院称：2015 年 8 月 29 日，百余名农民工聚集在某市学府花园项目部索要该项目拖欠的工资无果后，大量农民工在被告人张某、戚某的鼓动下，前往南津关古镇旅游景区堵住景区大门，不准游客进出，以此方式索要工资。

当地江南派出所民警接到报警后，赶到现场，考虑到众多农民工情绪激动，为避免发生更大的群体性事件，民警代永洪在处警过程中，劝解在场的曹某、欧某等人要依法维权，让开通道，方便游客通行。大量农民工仍不听劝阻，被告人张某、戚某起哄，谎称"警察打人"，被告人曹某、欧某、王某将民警代永洪围住、抓扯、推搡，并强制将其挟持至市政府，以迫使政府给开发商杨某施压，从而达到索要工资的目的。沿途引来大量市民围观，一度致七里大道、巴都大道等地交通要道堵塞，秩序混乱。

事件发生后，某市公安局立即调动警力，及时稳控现场，并将曹某、董某、欧某 3 人抓获。张某在被公安机关网上追逃后，于 2015 年 9 月 10 日到公安机关主动投案。其余 4 名犯罪嫌疑人在接到民警电话联系后，主动投案自首。

事后，宋某及欧某的家人多次上门向受伤民警代某赔礼道歉，民警对二人的行为表示了谅解。随后，检察机关认为张某等 8 人的行为性质恶劣，以妨害公务罪对其提起公诉。8名被告人在开庭审理过程中，对犯罪情节供认不讳，对罪名亦无异议。

法院经审理认为，8名被告人以暴力方法阻碍国家机关工作人员依法执行公务，长时间在交通要道上对民警进行挟持，严重扰乱了社会管理秩序。故其行为均已构成妨害公务罪，应依法追究其刑事责任，公诉机关指控罪名成立。

张某、戚某组织并煽动农民工滋事是主犯，曹某、欧某等6人起到辅助、次要作用，是从犯。综合8名被告人的犯罪情节、社会危害性和其认罪、悔罪态度，法院依法判处被告人张某、戚某有期徒刑8个月；判处被告人欧某、曹某有期徒刑7个月；判处被告人宋某、康某有期徒刑6个月15天；判处被告人董某有期徒刑7个月，缓刑1年；判处被告人王某有期徒刑6个月，缓刑1年。

该案承办法官认为：农民工讨薪历来受到全社会关注和帮助，劳动监察部门、公安机关、司法机关都是民工讨薪时可以求助的对象。农民工讨薪的心情固然可以理解，但国有国法，如果以过激方式讨薪而触犯法律，将受到法律的严惩。希望广大民众以此为戒，一定要采取合理合法的方式维权，切莫因过激行为将自己从受害者变为违法者。

从法律角度讲，法院判决并无不当。此次事件令人遗憾之处在于，如果被欠薪农民工在讨薪不利的情况下，能够有寻求法律援助的意识，运用法律武器依法讨要工资，结局或许不会如此。这也说明，法律援助宣传很有必要，普法依然任重道远。

下面一个故事在民间流传很广。

一个30多岁的农民工在老板那里干了8个月，没有拿到一分工钱。他几次求老板先支付点儿钱，哪怕几百元也行。他是家里唯一的顶梁柱，母亲患有严重的心脏病，一天也离不开药。孩子上学也要用钱。还有他的妹妹，因为失恋患了精神病，他还要为妹妹治病，他不能看着妹妹天天披头散发满街乱跑。可他每次找老板要钱，老板都一脸的不耐烦。往往他还没说上几句话，就被老板叫来的保安赶出了办公室。

终于，他忍无可忍，绑架了老板的儿子。后来，他后悔了，他完全可以跑掉，但他怕孩子一个人出什么意外，也怕孩子害怕，便一直把孩子抱在怀里。当警察出现的时候，孩子在他的怀里睡得正香。

他被判坐5年的牢。旁听席上的人都为他惋惜，说到底是不懂法，否则，也就不会付出这样惨重的代价。他那个风雨飘摇的家该怎么办呢？

就在法官要宣布退庭时，从旁听席上传来一个苍老的声音："等等，我有话要说。"大家扭头望去，见是一个年过花甲的老妇人。有人认识她，她是男孩儿的奶奶，也就是老板的妈妈。孩子被绑架之后，老人一病不起，那是她最疼爱的孙子，也是孙辈中唯一的男孩儿。众人的心里都有些紧张，或许，老人还要提额外的条件，那个已经一无所有的农民工还能承受得起吗？

老人慢慢地向被告席走过去。她站在农民工面前，大家看到，她的嘴角在抖动。大厅里鸦雀无声，谁也不知道会发生什么事。

突然，老人弯下腰，向农民工深深地鞠了三个躬。所有的人都愣住了，包括原告席上的老板，他想母亲大概老糊涂了。

老人抬起花白的头，泪水流了一脸。良久，她缓缓地说："孩子，这第一躬，是我代我的儿子向你赔罪。是我教子无方，让他做出了对不起你的事。该受审判的不应该只是你，还有我的儿子，他才是罪魁祸首。这第二躬，是我向你的家人道歉。我的儿子不仅对不起你，也对不起你们一家人。作为母亲，我有愧呀！这第三躬，我感谢你没有伤害我的孙子，没给他的心灵留下丝毫的阴影，你有一颗善良的心。孩子，你比我的儿子要强上一百倍。"

老人的一番话，令在场的人都为之动容，这是一个深明大义的母亲。而那个农民工失声痛哭，是感动，也是悔恨。事情的结果是，在这个农民工坐牢后，在老人的督促下，儿子不仅向这位农民工支付了工钱，还把农民工的母亲和妹妹接到城里来治病……

是老人的宽容和大义救赎了儿子的灵魂。母亲的三个躬不仅是鞠给农民工的，也是鞠给自己儿子的。她是用这样的方式规劝儿子，不能做昧良心的事。做人不能愧对良心，不能违背道义。最起码，不要做让母亲伤心难过的事，不要让母亲为我们低下她已花白的头！

农民工的问题很早就引起了国务院的关注，2006 年开春，国务院面向全社会发布了《国务院关于解决农民工问题的若干意见》。意见指出了农民工面临的突出问题：工资偏低，被拖欠现象严重；劳动时间长，安全条件差；缺乏社会保障，职业病和工伤事故多；培训就业、子女上学、生活居住等方面也存在诸多困难，经济、政治、文化权益得不到有效保障。这些问题引发了不少社会矛盾和纠纷。

摆在首位的问题就是：工资偏低，被拖欠现象严重。

各级党委和政府开出了许多"药方"，收效却始终不尽如人意，每到年关，农民工欠薪问题依然严重。

数年间，有跨省追讨，甚至是跨国追讨的。

2013 年岁末，法援基金会在江苏广电集团组织的那场"公平正义的光辉——江苏省农民工法律援助典型案例报告会"，我有幸参与了脚本撰写，因而接触到了许多农民工法律援助的典型案例。

下面就是由江苏省法律援助基金会组织，由江苏电视台播出的"徐州沛县 60 名农民工讨薪案"的案例内容。

钱亚冰 带着美好的期望，带着求富的梦想，徐州市沛县的60名农民工，踏上了前往大西北甘肃天水的列车，跨省远途打工。却不曾想到，此去务工不仅没挣到钱，还差点把生命丢在他乡。先来看一段视频，了解一下这60名农民工兄弟经历了怎样的一场噩梦。

配　音 2010年11月上旬，甘肃天水一处机床重型组装车间建设工程，交由徐州一家公司兰州办事处承包，徐州沛县60名农民工与该办事处谈好了总计70多万的劳动报酬，然后远赴甘肃天水打工。然而，工程开始不久，在仅仅支付了不到10万元的工资后，农民工的工钱就开始停发了。因为远在甘肃，老实的农民工兄弟只得自己垫资吃饭、生活。好不容易挨到2011年4月，已经被拖欠几个月工钱的工人们，积蓄也已花费殆尽。正当他们打算停工讨要工钱的时候，却突然遇到一伙所谓"黑社会"的非法胁迫。

钱亚冰 下面请上这60名工人中的两位代表陈某和周杰。

【农民工陈某和周杰上场】

钱亚冰 你们是去打工的，怎么会遇上所谓的"黑社会"组织呢？

陈　某 到那儿后干了几个月就不发工资了，我们想讨要工资时，来了这帮自称"黑社会"的人，他们身上都有很多文身，拿着砍刀和木棒来到工地吆喝，说："我们是黑社会的，这里是我们的地盘，哪个不听话，不好好把活干完，就卸掉他的胳膊和腿。"

钱亚冰 你们没想到逃跑或者报警吗？

周　杰 当时我们都被吓住了，也想过逃跑和报警的，但想想那儿是他们的地盘，害怕万一抓住了被打、被砍，少条胳膊少条腿的，怎么跟家里人交代啊？

钱亚冰 你们拿不到工资，身上也没钱，日子是怎么过的呢？

陈　某 刚开始身上还剩点钱，就喝点开水，吃点馒头，对付着过。关键是家里面都指望着我们能寄钱回去，养家糊口。到了后来，我们身上的钱都花完了，吃不上饭，没办法，只好让家里给我们寄钱。

钱亚冰 没有钱寄回家，还让家里给你们寄钱？

周　杰 是呀，他们不但不发工资，还整天拿着棍棒和砍刀在我们跟前转，呼三喝四，胁迫我们干活。

钱亚冰 这样的行为是违法的！那后来，你们是怎么被放回家的？

陈　某 那些人一直守在工地上，一边抽烟喝酒玩乐，一边监视我们，直到 5 月 13 日工程安装完结。他们看再扣着我们也没用了，这才让我们回家。

周　杰 工资没拿到，我们回家的路费都是借来的，有的是家里寄来的，就这么两手空空回的家。

钱亚冰 这真是一场噩梦。因为工程地远在甘肃，这批农民工根本没有能力，也不敢再到甘肃去讨要工资。走投无路的时候，他们找到了徐州市沛县法律援助中心。下面，我们请上关注这个案子的沛县法律援助中心的两位主任。

【沛县法援中心两名主任上场】

钱亚冰 这位是徐州市沛县法律援助中心主任王洪杰，这位是副主任刘强。这个案件的承办律师就是副主任刘强。我们先来问一下刘副主任。这个工程发生地在甘肃天水，法援人员又怎么帮他们去讨薪呢？

刘 强 就是因为工地在甘肃，所以取证遇到了很大的难题。工人们没有务工合同，也没有其他涉及劳动报酬的证据。除了口述，其他书证都没有。这种情况下，我们只有一次一次去甘肃天水施工现场，调查取证。

钱亚冰 在异地取证肯定相当困难。

刘 强 是啊，刚到工地的时候确实非常困难。对方知道我们是来帮民工讨薪后，就把我们当作"敌人"，处处防备。所幸，该公司有一位安装部经理比较正直，通过他的帮助，我们获得了一份关键的书证，就是这 60 名工人的工资明细单。

钱亚冰 最后核算出来，这笔工钱还欠了多少呢？

刘 强 公司还欠付农民工劳动报酬总计 646345 元。

钱亚冰 这笔欠薪你们怎么替农民工讨要呢？

刘 强 这个案子有一个特殊性，它涉及类似黑社会的人员监禁强迫工人劳动的行为，已经涉嫌《刑法修正案（八）》规定的"强迫劳动罪"，这需要当地公安机关去调查。但这个事件，对民工讨薪本身来说，也是有关联的。因为如果工程方拒不支付工人的工资，根据这个事实，工程负责人就涉嫌"拒不支付劳动报酬罪"了。所以，我们决定先走行政讨薪的途径，明确告知对方"拒不支付劳动报酬罪"的法律规定和严重后果，使工程负责人知道利害关系。

钱亚冰 你们这一招是敲山震虎！

刘 强 对，目的就是尽快为民工讨回工资。另外，虽然工程地点在甘肃。但招聘农民工的公司却在徐州。2007 年，江苏卫视曾经报道过一起工人跳塔追索工资，法律援助帮助讨薪的案例，欠薪的就是这家公司。当时的案子，就是通过法援和媒体介入解决的。因此我们这次也采用了之前的经验和策略，通过媒体对这个事件的报道，给这家公司施加压力。

钱亚冰 就是和媒体联动引起社会关注。

王洪杰 是的，我们县的民工办也非常配合。和我们一起去徐州找市民工办，拟定了一份《徐州市民工办监察通知》，连同法援中心的《讨薪申请书》等，一并发给了徐州的这个公司，要求他们解释缘由，限期付清拖欠民工的劳务款。

钱亚冰 看来，为这60名工人讨薪，政府管理部门和社会力量起了很大的促进作用。

王洪杰 是的，我们联合沛县民工办对介绍打工的这家公司进行督察，效果不错。但是，公司知道事情后，还耍了个小花招。他们绕过我们直接给农民工代表打电话，要他们撤案，说要私下调解。民工兄弟马上就把这件事告诉了我们的刘强律师。

钱亚冰 农民工朋友们做得对。

王洪杰 这说明这家公司开始重视这个事情，利害轻重他们正在权衡选择，才会去找农民工们"私下和解"。因此，我们抓住机会，又去了几次徐州进行追讨。徐州民工办也认同我们的意见，再次严肃督促这家公司筹款，要求在限期内，一分不少地一次性付清拖欠民工的报酬。

钱亚冰 我们期待着有好的结果。请看大屏幕。

配　音 法律威严不可抗拒。面对可能涉嫌"拒不支付劳动报酬罪"的危险，面对政府相关部门和社会的广泛压力，徐州这家公司终于同意，在2011年9月26日，和60位农民工签订了结算协议。公司不久将欠付的646345元劳动报酬，全额清付给了他们。

钱亚冰 通过法律援助，这个跨省维权的讨薪案终于在两个月内快速解

决了。对于这 60 名农民工来说，这笔拿到手的工资，不仅承
载了全家人的生活希望，也是他们艰辛付出的回报。

周　杰　我们今天要将一面锦旗送给司法局的领导，是法律援助为我们
60 名农民工伸张了正义，讨回了公道，我们一辈子都不会忘
记的。谢谢法律援助！

钱亚冰　（读锦旗上的字）"不畏艰难伸张正义、法律维权讨回公道"，
这是咱们 60 位民工兄弟对法律援助的心声，也谢谢你们。

【《法律援助之歌》的歌声响起】

钱亚冰　下面让我们请出江苏省律师协会劳动和社会保障业务委员会主
任、江苏省律师协会省直分会副会长、高级律师陈扬先生对此
案进行点评。有请陈扬律师。

【《法律援助之歌》的歌声响起，法律专家身着正装出现在舞
台中央，灯光衬托其威严庄重。同时几位法律援助志愿者代
表分别于两侧移动平台上出现，他们身着标志性服装，以特
别的造型伴随专家进行点评，共同在现场形成一个法律工作
的神圣氛围。钱亚冰退场】

陈　扬　2011 年 2 月 25 日，全国人大常委会通过的《中华人民共和国
刑法修正案（八）》，对原二百四十四条的罪名做出了修改，将
"强迫职工劳动罪"修改成"强迫劳动罪"，并在第二百七十六
条增加了"拒不支付劳动报酬罪"。这两个罪名的修订和设立，
大大加强了对严重侵犯劳动者权益行为的惩处力度。本案中，
沛县 60 位农民工在甘肃天水遭遇到了拖欠工资和被限制人身
自由强迫劳动的双重侵权，身陷困境、危境，沛县法律援助中
心接到求助后，不畏艰险，跨省解难，理直气壮地运用刑法的

上述两条新规定，成功地为这些农民工讨回了劳动所得。农民工送上的锦旗，正是对法援工作者和律师的最好褒奖！

在江苏，法援基金会被农民工亲切地称为"娘家人"。

法律援助是维护困难群众合法权益、保障社会公平正义的一项重要法律制度，理所当然地要为农民工这个弱势群体提供及时有效的法律帮助，让每一个困难的农民工通过法律援助体会到，是法治给他们带来了光明和希望。

在那次电视报告会上，还播出了"南京市鼓楼区恒瑞船员集体讨薪案"。

配　音　*2013年8月的南京，热浪滚滚，在室外多待一分钟都感觉吃不消。可在龙潭集装箱码头附近的锚地，有200多名船员，他们内心的焦虑比炎热的天气还要焦灼，因为他们中的大部分人被拖欠工资长达半年之久。*

船长杨师傅

我们船员现在还在船上坚守职责，船员们职责做到了，但是公司行为给船员们的是大大的问号和充满遗憾的感叹号。

配　音　*恒瑞12号载着189个集装箱货物，其中还有几箱装着危险品。由于生活物资得不到补给，船员们的生存环境极其恶劣。*

船员王师傅

我是恒瑞12号的大厨，负责船员们的饮食，中午主要吃一些米粥、咸菜，我估计再过两三天已经没有什么东西可以吃了，大家都不知道该怎么办。

船员李师傅

我是轮机长，船上燃料没有了，外面温度这么高，船员们面临断电。

【大屏幕播放秦蓉记者采访 VCR】

记者秦蓉

我现在所处的位置是恒瑞12号的储藏室，也就是厨房，储藏室的温度比外面还要高上两三度，更让人触目惊心的是，因为资金链中断，自来水已经停止供应了，他们就把江水打上来用明矾过滤（记者亲口尝），有一种刺鼻的化学药品的味道。

配　　音　货船恒瑞12号归属于南京恒瑞海运有限公司。今年初，公司法人代表突然卷款出逃。这里就是恒瑞海运有限公司办公所在地。记者到达现场的时候，办公区域一片狼藉。

机务经理王先生

我是机务经理，主要负责船舶管理。我这电脑开着，每天关注船舶动态，而且跟船员要做好维稳工作，不能出事情，长江里面航行，航道要是堵塞了，那就是天大的事情。

【主持人赵丹军和南京市鼓楼区法律援助中心律师常开余出场】

赵丹军　今天，我们请来了办理这件援助案件的南京市鼓楼区法律援助中心律师常开余，常律师，请你谈谈当时接手这个案子的时候，是什么样的情况。

常开余　这个案子人员众多，金额巨大，维权过程也很复杂。首先，我们在给船员登记完毕之后，就挨个搜集资料，向海事法院提交诉讼。但是，海事法院以证明材料不全等种种原因，一直不予立案。

赵丹军　那是我们的证据不够充分吗？

常开余　因为老板跑了，这家公司的管理陷入瘫痪。船员的工资待遇、劳动关系等材料，都很难补齐。

赵丹军　那可怎么办？

常开余 我们就一次又一次带着船员们去海事法院，要求他们重视这批
船员的生活困难。先立案，再调取证据。

赵丹军 那时候正值三伏酷暑，法援律师就在这大热天里头顶烈日，一
趟一趟跑海事法院，我们一起来看看当时的场面。

【大屏幕播放秦蓉记者采访纪实录像 VCR】

记者秦蓉

我现在正在海事法院的门口，这里已经围满了船员，他们中少
部分人已经领到了工资，但是并不能维系正常的生活，大部分
人到目前一分钱都没有拿到。

配　音 由于恒瑞船运公司通过先期抵押贷款的方式，将名下所属船舶
分别抵押给了银行。遵照船舶优先权的法律规定，法院可以扣
押船舶拍卖，并优先支付船员工资，银行可先行垫付。但是目
前只能核实到恒瑞 1 号和 3 号船舶应支付员工的工资明细，银
行只同意垫付这两艘船的员工工资。仍有 10 条船 100 多名船
员工资没有着落。

南京市鼓楼区法援律师常开余

只有法院认定了，银行才能给钱。我们今天来就想问法院立案
情况，没有拿到钱的船员应该怎么办。

武汉海事法院南京法庭庭长王志强

立案的问题我们正在抓紧办理，法院处理矛盾纠纷的手段是很
多的，有庭前调解，庭审中调解，审理之后仍然可以调解。不
是说必须立案以后才可以调解。

配　音 当天，经过法援律师和海事法院的沟通，法院方面承诺，不管
是庭前调解还是进入立案程序，都争取在 15 天到 1 个月之间，

解决船员的工资问题。

武汉海事法院南京法庭庭长王志强

常律师要把这部分证据弄扎实具体看能保护的程度，我个人觉得应该不存在保护不了的问题，都能保护，至少船员之间还可以互相举证。

【舞台现场采访】

赵丹军　看来，你们的付出没有白费，海事法院开始重视了。

常开余　是的，我们法援一共受理了5条船，约150名船员的申请。当时，2号、10号、12号三条船上的在船人员先后通过银行拿到了垫付工资。但是，离船人员因为比较难统计，所以分开处理，在下一步法院拍卖船只后再清付工资。

赵丹军　另外两条船是怎么解决的？

常开余　另外两条船，就是6号（24万元）和15号（150万元）船，我们是直接找担保公司解决的。因为来求助的人比较多，一共有52人。通过法院调处比较费时间，工人们等不起，我们就牵头和这两条船的债权单位——中航国际租赁有限公司取得了联系，因为这两条船都抵押给了中航国际租赁公司。

赵丹军　那他们配合吗？

常开余　他们很配合，同意一次性垫付两艘船的船员工资，然后再对船只进行处置。

赵丹军　那些没有来申请援助的船员，他们的权益都能得到保障吗？

常开余　根据船舶优先权，整船拍卖以后，必须要把没有来申请援助的船员考虑进去。否则他们就再也没有机会讨回工资了。因此，我们和中航国际租赁公司做了个约定：在所有能联系到的人的工资发完之后，由这些船员去帮忙联系没有来登记的其他船员，给他们两个月的时间，让他们带身份证到我们法援中心来申领工资款。

赵丹军　好，我们一起来看看当时领取工资的场面。

【大屏幕播放纪实录像 VCR，领钱的现场同期和画面】
这个地方我来了很多回了，如果没有援助律师的介入，单凭我们自己的力量一定是不能解决的。今天拿到钱很高兴！
数额对不对？
对！对！没想到这么快拿到手，要是在别的地方这笔钱就难说了。

赵丹军　常律师，请你给我们说一说这件案件最新的进展情况好吗？

常开余　好的。恒瑞公司欠薪总额超过 1300 万元，涉及船员 250 人，职员 50 余人，截止到 2013 年 11 月 6 日，已有 170 名船员、35 名职员申请法律援助，支付工资总计约 893 万元。现在，我们法援律师还在以船员的名义继续各项诉讼程序，直至欠薪还清。

赵丹军　我们期待着有好的结果。下面，我们请出江苏省人大法制委员会副主任、省人大常委会法制工作委员会副主任刘克希先生对本案进行点评。有请刘克希先生。

刘克希　根据我国《海商法》第二十二条规定，船员的工资具有船舶优先权。也就是说，船员要求支付工资，通常有权就船舶卖得的价款最先获得受偿，这种优先权优于引航费、港务费，更优先于银行的抵押贷款等等，这体现了国家法律对船员劳动报酬的最优先考虑、最充分保护。本案是一起较为复杂的案件，是一起涉及数百人、上千万元的群体性讨薪案件，同时也是一起对法律援助律师法律知识面和维权经验要求很高的案件。本案的法律援助律师如果仅仅熟悉《劳动法》《劳动合同法》和

《民法》，而不精通《海商法》，就难以维权。在老板"跑路"、受援人分散、取证不易、法院迟迟不予立案的重重困难下，律师不畏艰难开展工作，尤其是利用大多数人甚至大多数律师也不熟悉的《海商法》船舶优先权的规定，在向法院申请拍卖船舶前，商请银行先行垫付船员的工资，较完美、及时地达到了维权目的。这充分体现了法律援助律师精良的法律素养、丰富的维权经验，体现了他们对弱势群体的关爱、对公平正义的追求。同时，值得一提的还有，在这一案件中，这些讨薪职工表达诉求的法律意识、理性做法和坚守岗位的职业道德、社会责任感，也应予以充分肯定。

面对不公正不能沉默。一群人的沉默叫冷漠，所有人的沉默叫黑暗，不要以为你的声音无关紧要，每一个人都发声，世界才有光明。

江苏法援基金会通过媒体公开对欠薪不还的企业、个人老板进行曝光，并依法追讨，对社会上欠薪不还的行为造成了震慑，为社会弱者撑起一片晴朗的天空！

第五章

我死过去 40 分钟

万考贡，一个普通的农民工，王霞林印象深刻，说他是一个从鬼门关走过一回的人。

万考贡自己则说："我是命大福大造化大，死过去 40 分钟又活了过来。因法律援助结识了许多好人！"

时隔数年后，说起万考贡事情的时候，王霞林记忆依然清晰，他那个老板说，要死的不要活的！这个老板心比锅底还黑，拿工人都不当人待了！很嚣张！媒体去采访，他放出狼狗咬，不让采访！朗朗乾坤，岂容恶人横行，一定要打赢这场官司，还农民工兄弟一个公道！还天下一个太平！在这个案子上，安德门的汪晨做了许多工作。

见到安德门农民工法援工作站站长汪晨，汪晨说，万考贡就住在雨花台区的板桥附近。因而我决定去见见万考贡，亲耳听他讲讲当年的黑色经历。

这几年，汪晨不时和万考贡有着联系，手机上有他的电话号码，他对我和同来的年轻作家小胥说："我看看能否联系上，联系好了，你们再去，免得跑空。"

我们说："好！"

2018 年 2 月 8 日，星期四，是和万考贡约定的日子，说好那天 10 点钟去他家。

上午 9 点 20 分，小胥开车到我所住小区的南门，上车后我对小胥说："快过春节了，应该给万考贡买点东西吧？"小胥说："我后备厢里给你准备了一盒礼物，不行先送他吧！"停车取出东西一看，我笑了："这东西送农民工？"小胥带来的是一盒精致的礼品，礼盒中装有六七个小礼盒，每个小盒里装有一小袋东西，有红枣、去芯莲子、薏仁米、椴木银耳、淮山药干片等。另一个小长盒里装一副对联。小胥问："这不行?"我说："这种礼品是为像你这样的小资准备的，万考贡是农民工，家庭本身并不富裕，依然为生活奔忙，他们需要的是日常生活用品，米、面、粮、油，这些精致而不实惠的礼品对他们不实用。"之后，我们开车去了板桥街上的超市，买了50斤装的大米、白面、一桶油和一箱八宝粥。

小胥疑惑："现在他们还缺这些？"她是80后，从小生活在蜜罐里，享受着父母的呵护，当然不明白底层群众生活的艰辛。

"这些够他们一个月的生活呢，可省下他们的生活费！"我说。

志愿者汪啸打来电话，说他和万考贡正在绿地小区门口等。汪啸是个在校大学生，汪晨的侄子，汪晨有意让他参加一些公益的社会活动。10多分钟后，我们的车开到梅山绿地南苑小区的西门，见到等在小区门口的汪啸和万考贡。

万考贡50多岁，剃一个壶盖头，穿一件带毛领的深色羽绒服，体型外表看上去壮实，并不显老，要不是在9年前那场事故中落下矽肺病，一定是个壮劳力。

万考贡的家在小区22栋的一楼，厅挺大，空荡荡的，靠墙角一张简易沙发上，坐着他的父母，两位老人穿着半旧的棉衣蜷缩在沙发中，沙发前的一张木制小方桌上摆着一摞取药的发票，沙发对面靠墙是一台旧电视机，和电视机并排的墙角放着一个旧冰箱，大概这是家中最值钱的电器了。

一进屋门的墙角处放着一张旧方桌，桌下摆几张方凳，我和万考贡围着方桌坐下来，小胥和汪啸坐在一旁。屋里阴冷，没有空调，也没有火炉，坐在沙发中的父母一个戴着绒线帽，一个裹着头巾，两只手掩在棉衣下取暖。万考贡说："房子是临时租住的，租金政府给，先前住板桥街道永旺村，随着南京城市圈扩大，农村的房子拆迁了，离这不远，开发商答应分给两套房，都是85平方米的，两个女儿一套，我和父母一套，答应搬迁后3年给房子，不知为什么，都两年多了房子还没见影，村上的人有少部分拿到了房子，一大半的人还在等。现在这个社会怎么说呢，有关系的，有人的，就先拿了！你没门路，只好等。听说剩下的房子还没盖呢！"

我说："不管怎样，拆迁了，你发财了，成百万富翁了！"

"徐老师拿我开玩笑。"万考贡苦笑一下，"实际上我是不愿意搬迁，因为搬迁对我的生活并没有多大的改善。也许你会说，两套房不可以吗？大几百万的。是可以，房子肯定比先前农村的平房好，如果拿到房，住房条件是改善了，但我两个女儿不住吗？我父母还有我自己不住吗？我老了怎么办？能住到马路上去吗？自己住，房子再值钱也没用，能变现吗？不能！因为你自己要住。其实，现在的房子不如原先农村的房子，像鸽子笼，没农村方便，农村空气多好哇！而且有院子，养个鸡，养头猪，种点菜都方便。但是，开发商断水断电，自来水没了，电没了，你不搬迁就成了钉子户，政府对我这么好，帮助我，照顾我，我能成为钉子户吗？不能，我是村里第一批搬迁的！"

万考贡咽一下唾沫，继续说下去：

"这么多年，我一直遇到贵人，得了好多贵人帮助，最早是王老（指王霞林）、汪主任（汪晨），还有市劳动局工伤处的姓张的处长，他是农村的，当过兵，家里也有外出打工的，对我的遭遇很同情，带队到我出事的水泥厂来调查。那几年过年过节，政府都来慰问，现在搬迁了，算起来，房产有大几百万了，人家政府不来了。其实，我生活上没什么改善。两个老人每人300元低保，现在每人又加了60元，我给人家单位看大门每月1800元，刨去300元养老保险费，拿到手的也就1500元，要生活，要吃药，这怎么够？将来拿到房子，还要交物业费。城里退休的，像我这个年龄，天天麻将档、广场舞，我能行吗？不行！

我去新街口献了几次血，不是为了钱，是为了回报社会，后来不让我献了，说是血不合格！"

万考贡还告诉我们，他父亲今年83岁，患胃癌，7年前做了手术，胃切除了，恢复的还可以；母亲，86岁，脑梗，恢复到50%，看人傻傻的。两个老人都需要吃药。这时，我看到电视机后面的柜子上，摆满了各式药品。

万考贡轻轻摇摇头，接着说："这几天父亲的病复发了，整个不能吃，一吃就往外吐。女儿过几天休息，说要带老人去医院看看。"

我们谈话时，两个老人默默地窝在沙发里，低垂着满头白发，目光呆滞、一言不发。

我们谈到了那场改变万考贡人生命运的生产事故，万考贡打开记忆的闸门，时间数字都精确无误，可以想见他对这场灾难刻骨铭心：

2009年12月20日中午12点40分，我和另外5位工友一起清理水泥原料仓。这是个庞然大物，近20米深，10多米宽，能装1000多吨熟料。仓口被结块覆盖了，表面是浮层，看着是平的，实际上是虚的。仓里灰尘太多，我进去后两眼什么也看不见。由于厂里没给我们发安全绳，我是光着膀子下去的，谁知一脚踏上去，咔嚓一声，就掉了下去，掉下去的那一瞬间，我下意识赶紧去抓风镐的管子，那管子是软的，有伸缩，我一看不行，就赶紧用两只胳膊护住了头，在嘴巴前面撑开了一个空当，勉强能够呼吸。我拼命挣扎，越挣扎就越往下面沉，堆在周围的水泥熟料不停地朝我淌过来，转眼间我就被水泥粉末埋了，眼前一团漆黑，喘不过气来，我就不敢动了。下去时，我是戴着防尘口罩的，口罩被哈气弄潮了，结成了块，堵住了嘴，没法喘气，我难受极了，脑海中闪过两年前的情形，同样就在这个原料仓里曾发生过两起两死一伤的重大事故，前年死人时我就在现场，死的那个工友被拽出去的时候，身上的皮都拽脱了，我顿时感到自己马上也要死了。我想，我还不能死，我有老爹老妈，还有女儿要养，我不能死。我就用嘴把口罩弄开了，多亏我用胳膊撑出的那块空间，保留了一点空气，可是我一吸气，水泥直往嘴里、鼻子里钻……

我知道工友们肯定在救我，我刚掉下去时，他们解下皮带，脱了长裤，把皮带和裤子连接起来，想从仓口拉我上去。但由于埋得太深，看不见人，没法拉。于是，工友们又跑到罐子底部出料口救我，因出料口太小，他们又去找来切割机切割，破扩了出料口，拼死拼活扒出了好几吨水泥，花了40多分钟才把我给拽了出来，当时都以为我死了。我一出洞口，风一吹头脑清醒了，他们用劲去拽，我就说，你们不要动。他们听到我说话，就说，没死，还活着！这就赶紧往医院送，把我抢救了过来。

万考贡不知道的是，他掉下去后，水泥厂的老板得到报告对参与抢救的工人说，现在不能扒，等会再扒出来，要死的不要活的！事实上，前几年掉下去的工人没有一个能够生还。

老板的理论是：宁愿赔死不赔伤！

工友们恨死了老板，牙痒痒的，这回没听他的，迅速搬来切割机割开了罐底，为抢救赢得了时间。老板得知万考贡还活着，大发雷霆，对不顾一切参与营救万考贡的工友以"擅离职守"为由，每人扣了500元工资。

医院对万考贡的诊断是右肺挫伤、吸入性肺炎、全身多处软组织挫伤、应激性精神障碍。

万考贡回忆：

住院半个多月，老板就叫人喊我出院了。回到家中，身上不少地方还是疼，最可怕的是肺里残留了不少水泥，在医院进行洗肺洗掉不少，但没洗干净，活动量一大就喘。住院期间厂里没派人来看过我，除了刚开始交了抢救费，后来再没出过一分钱。我是个农民，离婚14年了，有一个女儿由我抚养，父母在家务农，也都是快80岁人了，全家就靠我的工资为生，非常困难。我担心我的工作和医疗费问题，拿着病历和医生开的病假条到厂里找老板给我报工伤，但老板死活不同意。我气得对老板说："你只要肯下去埋一次，我就不要你赔钱！"老板指着门，大喊着："你给我滚出去！"

厂里不给我报工伤，我就自己到劳动部门去报，可是以个人名义申报要有证人写证明。救我的5位工友都不敢写，因为老板发了话，不准他们写，谁写就开除谁。我有一个工友坚持给我做了工伤证明，立马被老板开除。那个工友姓巩，谷里农村的，他走的时候对我说，老板势力大，咱胳膊拧不过大腿，我是帮不上你了！那时候我真是绝望了，上天无路入地无门，眼前一片漆黑。

我到处去找能帮我申冤的人，又不知到哪儿去找，这时有好心人告诉我，安德门农民工法律援助工作站能够帮助农民工维权打官司，我就抱着试试看的心理去了。法律援助工作站的汪站长热情接待了我，听我慢慢地讲述了事情经过，听后，他当场就帮我办了申请法律援助的手续，并且立即与省法律援助基金会联系，争取到了基金会对办案费用的资助。

法律援助使我看到了希望，但办案的过程一波三折，非常困难。老板对法律援助的律师置之不理，并对参与救援知情的工友们下了封口令。

案件惊动了市劳动部门和媒体，那天，劳动局工伤处的张处长带队，十几家媒体的记者、律师和我一起去厂里调查取证，老板把大门紧闭，不让记者进门，还把拴着的大狼狗放了出来。老板当着新闻单位记者的面，还想打我，并且威胁记者："少管闲事，哪个敢写报道就卸哪个的膀子！"气焰嚣张。

南京晨报的记者问："你这里有没有安全措施？"老板回答："关你屁事啊！"那天，南京电视台现场直播，主持人是徐凡，就是《非诚勿扰》孟非的弟弟，老板把手机一点，"你给我闭嘴！你算什么！"横得很！

为什么横？因为他是这个地方最大的企业，年产水泥上百万吨，是区里的利税大户，摇钱树，区里领导都给他面子。我一个农民工，事再大也是我一家的事，天塌了也是我一家塌，老板不一样，把老板整趴下了，牵扯到损失财政收入，牵扯到人员就业，所以，区里领导就有顾虑，不想让老板出事。久而久之就纵容了不良老板们，使他们有恃无恐。

噢，老板叫什么？叫岳代奎，是雨花台区的政协副主席，社会关系广，称霸一方，很牛！

那天晚上，电视上把当天采访的情景播了出来，基金会的王老看到了，很是气愤，说："黑心老板简直是无法无天！这样的人怎么还能当政协副主席！"

安德门法律援助工作站不怕邪恶、不怕困难，为我多方奔走，积极协调；省法律援助基金会不但对我的案子提供了经费资助，王老还亲自来看望我，安慰我，鼓励我，要我相信法律相信党。在法律援助的支持下，对我进行了工伤鉴定，确定我是伤残10级。老板满不在乎："不就是个10级嘛，有啥了不起！"王老说："不是个级不级的问题，是无良老板不拿人命当事的问题！万考贡肺部受伤，吸入粉尘了，是矽肺病，终身残疾的问题。"老板见法律援助动了真格，害了怕，终于低下了头，找关系疏通，要调解。这时区里有人出面为老板说话，经过仲裁、调解，公司答应给我一次性伤残补助金6万元。我想6万就6万吧，要是没有王老那么大的干部出面，老板怎么肯低头？一分都不给！先前死了的工友，不过赔个两三万了事，那些个受伤的，不但没得到钱，老板还找来当地的小混混，谁来要钱就揍谁。我是遇到贵人了，贵人相助呢！

赔偿事情解决后，万考贡原先的工作丢了，王霞林对汪晨说："你好人做到底，看能不能就近给万考贡找份工作，让他以后的生活有个保障。"汪晨说，好。找了几家不成，最后在雨花台保安公司联系到一份保安工作，就是夜间看门，万考贡千恩万谢，工资虽然不高，但在家门口就业，生活有了基本着落……

万考贡的故事虽然早已从法援基金会那儿听到过，但亲耳听到当事人的叙述还是感慨万端。令人想不通的是，南京板桥水泥有限公司已经不是第一次出事故死人，如此拿工人的生命当儿戏，我们主管安全生产的部门为何禁而不止呢？而且当工人的权益受到侵害时，我们的劳动监察部门为什么又束手无策呢？老板并不把劳动部门的执法人员看在眼里！归根到底是改革开放初期法制的不完善给了无良企业主以可乘之机！片面地追求经济发展的政绩观，让一些地方官员的屁股坐歪了！

万考贡说，他33岁进厂，出事那年44岁，在那个水泥厂干了11年，11年间这家企业死了五六个人。之前这家企业是乡镇企业，后来转成民营，成了岳代奎一家的，岳代奎是董事长，他儿子岳涛是总经理。在万考贡之前，也有出了工伤事故的家属去工厂闹，都遭到岳家父子叫来的"活闹鬼"痛打，告到街道、区里，上面来人调查走个过场，不了了之，后来就没人敢上门闹了。在里面死掉的人，老板都是一次性赔偿了结，但如果是没死，工伤他就不赔，因为他觉得工伤是个无底洞，就采取不管不问的态度，随你去打官司，官司很难打赢，因为没人敢出来作证。再说就算打赢了官司也拿不到钱，很少有执行到位的。

万考贡出事后，岳老板叫他从医院出来回家休息，一天只给10元钱，一个月 300 元，万考贡说："你叫我怎么生活呢？除了吃饭，还要吃药，工伤又不给报，万般无奈我才下决心同他拼命，找了法律援助。"

法律援助启动后，律师马晓东曾带万考贡去做尘肺鉴定，但鉴定需要单位证明，试想，私营单位的老板怎么可能给你开证明呢？

就因为开不出这张证明，河南省曾出现过患矽肺病的工人"开胸验肺"的极端案例。

河南省新密市工人张海超，2004 年 6 月到郑州振东耐磨材料有限公司上班，先后从事过杂工、破碎、开压力机等有害工种。工作 3 年多后，他被多家医院诊断为尘肺，但企业拒绝为其提供相关资料，在向上级主管部门多次投诉后他得以被鉴定，郑州职业病防治所却为其作出了"肺结核"的诊断。为寻求真相，这位 28 岁的年轻人只好跑到郑大一附院，不顾医生劝阻铁了心"开胸验肺"，以此悲壮之举揭穿了谎言。

其实，在张海超"开胸验肺"前，郑大一附院的医生便对他坦承，"凭胸片，肉眼就能看出你是尘肺"。这个真实的故事令人心碎。张海超的被迫自救，更像在拿健康甚至生命冒险，赌自己没病 (肺结核)，而是郑州职防所有病 ("误诊")。郑大一附院的诊断也证明张海超是对的。不幸的是，由于无权做职业病鉴定，该院的诊断只能作为参考，一切还要看郑州职防所是否会"持之以恒"地继续"误诊"。据说，在开胸后，张海超曾找过新密市信访局，答复是他们只认郑州市职防所的鉴定结论。

为维权求医，近两年时间张海超花费近 9 万元，早已债台高筑。耐人寻味的是，张海超自知面对的是一家大企业，"我这是一个人在战斗！"他也深信在那个企业里，还有别的工友与他有着相同遭遇，只是因为求告无门而默默忍受。相关网评指出这种"一个人在战斗"的公民形象，其痛感之深，情何以堪。

这就是相关制度设计的不合理！

市场经济的大潮下，泥沙俱下，我们需要不断完善法制来保障公平，使正义不被金钱吞噬。

在江苏法律援助条例颁布 10 周年之际，法律援助基金会借机扩大社会影响，举办过一场纪念活动，万考贡曾被王霞林点名请到过现场。在那次纪念会上，万考贡结合自身经历作了发言，他说："我的遭遇让我体会到，最大的痛苦是黑心老板不把我当人看。我们农民工最开心的也不只是能够拿到多少钱，重要的是可以得到一份尊重。安德门法律援助工作站就让我们这些农民工感受到了这样的尊重，因此心里觉得格外的温暖。我要再一次感谢安德门法律援助工作站，感谢工作站的律师，感谢省法律援助基金会，感谢基金会的王霞林理事长，是你们让我对公平正义有了信心，对未来的生活有了希望。"

从万考贡家走出时，时间已经过了正午，我在板桥镇上找了一家小饭馆请小胥和汪啸吃午饭。两位年轻人说："这样的采访不能听得太多，听多了会觉得这个社会很灰暗，心里沉甸甸的！"我说："社会有阳光，也有阴霾，我们不能因为阴霾就看不到阳光！这件事最终不是法律援助帮助万考贡打赢了官司吗?"

两人冲我点点头。

我又说："再说你们两个不都是乐意做这种公益活动吗，你们身上发出的光和热也在温暖着这个世界！"

两人都灿烂地笑了！

据万考贡说，原先那家水泥厂前两年被政府关闭了，因为它是利润大户，也是污染大户，后来国家重视环保治理，要还老百姓一个绿水青山，大环境政策一变，这家企业成了环保整治的对象，被上级政府强制关停了！

问那家黑心老板的去向，万考贡说，那家老板钱赚足了，全家移民去了"米国"！

第六章

保护你的健康权！

尘肺病在医学上叫作"因吸入粉尘，并在肺内滞留而引起的以肺组织弥漫性纤维化的疾病"。万考贡的尘肺病是在一次生产事故中发生的，而更多的尘肺病患者是由于长期处在粉尘环境下，无保护措施，日积月累而造成的。一旦患病，很难医治。改革开放初期，鱼龙混杂，许多农民工兄弟以生命健康为代价，在这样的环境中挣一份养家糊口的血汗钱。

　　基金会成立的 10 多年间，一直致力于农民工职业病案件的援助，以此唤起政府以及社会对职业病防治的关注。

　　在宜兴法律援助中心，我听到了下面的故事。

　　2016 年 8 月 30 日，星期二，这天早上宜兴市法律援助中心的林国征律师早早来到设在市人社局的法律咨询点，刚一开门就迎来了两位咨询者。其中一位身体羸弱，面色苍白，不断咳嗽着，情绪显得激动。林律师赶忙招呼来人坐下，并端来茶水稳定两人情绪。

　　来咨询的是弟兄两个，哥哥廖德安和弟弟廖志安，四川省仁寿县人。10 多年前，廖德安和廖志安、廖思安三兄弟辞别父母，不远千里来江苏宜兴打工，他们在宜兴大浦镇落脚，从事铝材料切割和加料粉碎作业。三兄弟不怕脏、不怕累、不怕苦，任劳任怨，凭着勤劳的汗水赢得老板信任，成为工厂的顶梁柱，家里的日子也一天天好起来。因父母年迈，三兄弟商量一人回乡照顾父母，这样，2009 年 3 月，哥哥廖德安选择离开宜兴回到了家乡，留下弟弟廖志安、廖思安仍在宜兴打工。刚回家时，廖德安因年轻气盛并没觉得哪儿不妥，下地种田，养猪填圈，样样活儿拿得起，老婆孩子热炕头，又能照顾父母，享受了一段幸福时光。可之后情况发生了变化，廖德安渐渐觉得身体不适，起始气短、胸闷，后来渐渐胸痛且伴有咳嗽，再后来咳嗽越来越重，竟然出现咳血。细想之下，觉得自己身体的病可能与先前在宜兴所做的工作有关，电话询问此时仍在宜兴打工的弟弟廖志安和廖思安，谁想到两个弟弟也出现了相同的症状。在此之前，弟弟廖志安经相关部门诊断，确定为尘肺病，纳入了职业病治疗保障体系。得知弟弟消息，廖德安怀疑自己也患上了尘肺病，于是，千里迢迢重返宜兴，向宜兴市疾病预防中心求诊。经诊断，廖德安为铝尘肺Ⅰ期。处理意见为：脱离粉尘作业；每1-2年复查1次。随后，宜兴市人力资源和社会保障局于2016年2月19日认定其所受到的伤害为工伤，鉴定为伤残程度七级。

铝尘肺就像一把刀子插在廖德安的心头，让其痛苦不堪，他是家庭的顶梁柱，不但丧失了劳动能力，每天大量的医疗费用像山一样压在他身上，孩子需要读书，父母需要赡养，让这个稍有起色的农村家庭再次陷入贫困，每天一睁眼就要为生活开支和医疗费用犯愁。万般无奈之下，廖德安拿着伤残鉴定再次走进自己先前打工的公司，他要向老板讨一个说法。

然而廖德安离开公司已经8年，老板说："怎么证明你是在我公司造成的伤害？是啊，8年过去了，你怎么证明？"

"我弟弟他们就是证明，他们也患上了和我相同的尘肺病。"

"你弟弟是你弟弟，你是你！你弟弟又不是在我这儿打工，他们患上病和你患病有什么关系？"

一句话把廖德安问住了。

盛夏酷暑，廖德安拖着病躯走在宜兴滚烫的马路上，心如煎熬。他说，那时真想一头撞死算了，省得在这世上煎熬！可想起年迈的父母，家中的妻儿，他又不敢去死。自己死了，他们怎么办？他不知是怎么走到弟弟的出租屋的，弟弟廖志安告诉他，宜兴有个法律援助，专帮穷人打官司，可以一试。有这样的好事？廖志安将信将疑，但面临的困境逼着他必须去碰碰运气。就这样，在那个8月的早上，兄弟俩走进了法律援助中心的咨询点，遇上了林国征律师。

林国征认真倾听完廖德安的叙述，又进一步询问了廖德安的家庭状况、工作经历、得病经过等详细情况，对廖德安承诺"你放心，你符合法律援助条件，我会尽全力帮助你打赢这场官司！"

一句承诺重千斤，泪水在廖德安眼中打转，男儿有泪不轻弹，只因未到伤心处，这个七尺男儿竟泪眼迷离。

令林国征没想到的是，这件看似简单的农民工维权案却几经周折，差点陷入僵局。

大浦镇位于宜兴市东郊，离城区 10 公里的路程，这儿东临太湖，风景秀丽，物产丰富，民风朴实，是典型的江南鱼米之乡。小镇人家以生产耐火材料和制作紫砂杯为主业，生产的紫砂礼品远销到香港和台湾。可以说大浦镇是富裕之乡，廖德安原先工作的企业并不差钱，但铝尘肺是慢性病，花钱是个无底洞，要私营老板把装进口袋的钱再掏出来给工人看病确是不易。第一次到大浦镇，林国征没有贸然行动，而是先找到当地司法所，通过司法所领导向当事企业转达了廖德安对该案的工伤赔偿的想法，探讨双方有无协商的可能。企业老板一听就火了，甩下一句硬气的话："都 8 年了，这是想讹我呢？没门！"

遭到拒绝后，林国征并没气馁，回到宜兴后，就到市人力资源和社会保障局查询了廖德安的社会保险等情况。经查，涉事企业在廖德安事发工伤时间并没有按照法律规定为他缴纳工伤保险。林国征顿时有了底气，他告知廖德安："鉴于当事企业当年未按法律规定为你缴纳工伤保险，现在你被鉴定为工伤七级，依据保险条例等相关规定，你有权提出解除劳动合同关系并要求涉事企业一次性支付工伤保险待遇。这是国家给你的一项法定的权利！"

经林国征指点，廖德安立即向当事企业写出书面申请，要求解除劳动合同关系并要求一次性支付工伤保险待遇。企业老板看到申请，更是火冒三丈，"你都离厂 8 年了，还解除劳动合同？合同早就解除了！支付工伤保险？还是那句话，你怎么证明你的病是在我厂落下的？"

企业方采取了不理睬战术，他们料到廖德安在宜兴拖不起，因为每天的生活开支和看病吃药对他这个贫困家庭来说是无形压力。

廖德安再次被老板轰了出来。

此结果林国征律师早已料到，鉴于企业老板不配合，他立即开通绿色通道，直接向宜兴市劳动人事争议仲裁委提起劳动仲裁，仲裁委及时受理。同时林律师又与大浦镇政府沟通，督促涉事企业履行其重大职业病职工工伤赔偿义务，尝试再次通过调解的形式解决此案。

宜兴仲裁委公开开庭审理此案，当事公司辩称公司与廖德安并不存在劳动关系。理由有二，一是廖德安的职业病诊断书中只是明确自2007年3月起至2009年3月这段时间廖德安曾在公司工作，而2009年3月之后廖德安就离开公司了。自2009年3月起至2015年10月的这段时间公司并不清楚廖德安在何处工作。因而，廖德安被诊断为铝尘肺Ⅰ期到底是在哪个单位造成的，事实不清，请求仲裁庭驳回廖德安的仲裁请求。二是辩称从廖德安提供的职业病诊断证明书中显示，廖德安的职业病至少与4家用人单位有关，宜兴市某某炉料厂有限公司、宜兴某某热陶瓷有限公司、宜兴市某某高温耐火炉料厂等，因而向仲裁庭申请追加上述单位为被申请人。对方特别表示：倘若仲裁委裁定廖德安申请有效，那么待裁决结果生效前他们一定会起诉至宜兴市人民法院。

公司态度强硬，拒绝调解。廖德安愁眉苦脸，忧心忡忡。

林国征律师却充满底气，他仔细研究分析过该案的事实和证据，理直气壮直接指明：无论对方怎么辩解，根据《工伤保险条例》等相关法律规定并参照我国法院公布的工伤保险待遇纠纷典型案例，对方理应赔偿廖德安的工伤保险待遇损失。对方只是为了回避赔偿，在一味地玩拖延战术，这样的行为于法于理都是站不住脚的。希望仲裁委依法裁定申请。

市仲裁委采纳了林国征律师合理合法的代理观点，于2017年6月

14 日裁决当事公司赔偿廖德安工伤保险待遇 278341 元。

市仲裁委裁决书下达后，林国征料到对方不会履行裁决，一鼓作气连夜加班起草了包括诉状、证据清单、赔偿清单等法律文书，明确了诉讼请求，拟定了以诉促调的诉讼方案，第二天一大早即通知廖德安来签字确认，当天上午就向法院提交了全部诉讼材料，他要抢在对方前面诉至法院，在诉讼时间上争取主动。

果然不出所料，对方律师也追加了宜兴市某某炉料厂有限公司、宜兴某某热陶瓷有限公司、宜兴市某某高温耐火炉料厂等第三人，起诉至法院。

事关农民工，市法院及时开庭审理此案。

法庭上林国征慷慨陈词：根据确切的证据证明廖德安在 2009 年 3 月返乡前几年一直在某某公司从事接触粉尘的切割和加料粉碎作业，所以根据《职业病防治法》的相关规定，职业病鉴定机构的鉴定结论是在结合劳动者的职业病危害状况、岗位情况进行综合分析的基础上得出的，现在没有相反证据推翻这一鉴定结论，且无锡市中级人民法院 (2017) 苏 02 行终 34 号行政裁定书业已生效，工伤认定部门作出工伤认定的决定是正确的，某某公司应按法律规定赔偿廖德安工伤保险待遇损失。

法院采纳了林国征律师的代理意见，驳回某公司的诉请，判决某公司赔偿廖德安工伤待遇保险 278341 元。

官司打赢了，廖德安看到了一线希望。因生活费用太高，他在宜兴拖不起，临回家乡前，他来向林律师辞行。

林国征安慰廖德安说："这个案子对方肯定还要拖延时间，你不要担心，我一定帮你把官司打到底！"

果然被林律师猜中，公司老板故伎重演，再次实施拖延战术，在法院判决生效前一天又上诉至无锡市中级人民法院，认为廖德安职业病发现和认定时间与公司劳动关系存续时间不同步，所以请求认定宜兴法院判决无效。

林国征对此早有准备，在无锡中院开庭时，他有备而来，据理力争，再次赢得庭审胜利。

法院判决生效后，涉案公司的老板在法定期限内没有主动履行赔偿义务，林国征及时帮助廖德安向法院申请强制执行。

此时，廖德安已拖着病体回到了家乡。他不曾想到，自己一个外省人，凭借法律援助、凭借法援律师的认真负责，打赢了这场官司，并且通过强制执行申请拿到了应得的赔偿款，不由感慨万千，心中无从表达，电话委托在宜兴打工的弟弟制作一面锦旗送到宜兴法援中心，向林国征律师表达一个外乡农民工的谢意！

廖德安发生尘肺病的时间是在 2007 年前后，前面已经提到，那些年许多地方片面强调经济发展，而忽视了生产环境的保护，导致一线工人职业病高发。

在 2013 年岁末举行的那场"公平正义的光辉——江苏省农民工法律援助典型案例报告会"的策划会上，王霞林就提出要增加一个关于农民工职业病防护的案例。经过反复斟酌，选定了盐城东台何圣龙案。

王霞林在策划会上对电视台编导讲，要把当事人何圣龙和对他进行法律援助的律师请到现场。那天的报告会，800 人的演播大厅座无虚席，主持人是城市频道的钱亚冰。

VCR1 解说

这是在苏北某市市郊的一个没有厂名的生产作坊，平时大门紧闭，显得很冷清，但一进车间，却是噪音聒耳，粉尘弥漫，让人透不过气来。福建籍农民工何圣龙就是在这样的环境里从事扒煤烧炭工作，连续工作了8年。

然而在2009年的一天，何圣龙在工作中出现胸闷、呼吸困难症状，便到医院进行了检查，诊断结果让他傻了眼——尘肺病。

【钱亚冰上场】

钱亚冰 那么何圣龙诊断情况如何呢，我们来听听当时诊断的医生的介绍……

VCR2 解说

某市人民医院呼吸内科副主任医师 陈大勇：这个病人来的时候呼吸困难，上楼就喘，给他做CT后发现肺组织弥漫性纤维化，我们建议他去做职业病鉴定。

钱亚冰 医生的建议是去做职业病鉴定，但此时的何圣龙已经被企业的老板借故辞退了，人生地疏、举目无亲的他，流落到了街头。

VCR3 解说

老实巴交的何圣龙，无奈地向卫生、安监、疾控等部门求助，但因户籍等原因均无结果。走投无路中，他甚至想跳楼自杀。无意间，何圣龙看到了街边墙上当地法援机构的标语"有理无钱打官司，法律援助不收费"，这让绝望的他似乎看到了一线生机。

钱亚冰 "有理无钱打官司，法律援助不收费"这些直白的告知语，给绝望中的何圣龙带来了一线希望，顺着标语他懵里懵懂地找到了当地的法援机构。异乡他客，他能讨到说法吗？下面有请受理何圣龙案件的法律援助律师周尧。

【周尧上场】

钱亚冰　请问周律师，那天你见到何圣龙时，是什么样的状况？

周律师　很是潦倒，蓬头垢面，两眼呆滞，走路歪歪倒倒的，说不上几句话就要喘喘气。他开始不太相信我们还能免费帮他这个外乡人打官司。我们耐心给他做了解释，法律援助就是一个为弱势群体做主、为有理而打不起官司的人们提供法律帮助的政府机构。听到这些话，当时他眼圈都红了。

钱亚冰　周律师，办理这样的案件一定会有很多难处吧？

周律师　是啊，当事人何圣龙和被投诉的企业老板都不是我们当地的，是福建人，还是亲戚关系，是堂兄弟。何圣龙是以帮家里亲戚干活的方式，到这家企业打工的，与雇主之间没有签任何劳动合同，劳动关系也很难确认。再加上厂里人都是福建老乡，我们去取证也非常困难。厂里非常不配合。

钱亚冰　那怎么办呢？

周律师　再难也要帮他。听何圣龙讲，他参与了工厂的筹建。所以我们到自来水公司、供电部门，找到了一些证据。就是当年工厂委托他，去办理一些事务的委托书和介绍信。那上面都有何圣龙的名字和工厂的盖章。

钱亚冰　这个证据可以确认他和单位的劳动关系了吗？

周律师　还不够，我们又去找到了一些工友，做了证人证言，他们证明何圣龙曾经在这个工厂上班。

钱亚冰　真是费尽周折，那接下来该怎么做呢？

周律师　最关键的就是要鉴定他的病是不是职业病。虽然医院给出了诊断说他是尘肺病，但是他的病和单位有没有关系，这个需要专业鉴定。之前，何圣龙也找过相关部门，可是没有一家给他一个说法。

钱亚冰 这个鉴定很难吗？

周律师 非常难。因为我们市疾控中心没有权限做职业病诊断和鉴定。我了解到是盐城市疾控中心管这个事。但是，盐城市疾控中心要求鉴定人员的申请要有单位盖章，何圣龙根本就拿不到单位盖章，所以按照规定他的申请疾控中心就不接收。

钱亚冰 要盖这个章，看来是太难了。

周律师 后来，我陪他一起到盐城，找了当时的盐城市疾控中心副主任，也是全国人大代表沈新建，讲了实际情况之后，他才破例收了下来。之后，根据我们提供的资料，盐城市疾控中心给何圣龙出具了尘肺病Ⅰ期的诊断报告。上面注明何圣龙长期接触活性炭导致尘肺，和工厂有因果关系，因此认定他是职业病。

钱亚冰 有了这份证据，就可以找单位进行工伤索赔了？

周律师 我们首先帮何圣龙联系了苏州的一家医院。因为之前没有职业病鉴定，他甚至没有接受正规的尘肺病治疗。

钱亚冰 那就是说到你们这里来之前，何圣龙一直没有得到过专业的尘肺病治疗？

周律师 是的。医院只是给他开了一些简单的常用药物。有了这份报告，治疗的难题也解决了。之后，我们向劳动部门申报工伤认定。很快劳动部门也认定了工伤，但是何圣龙原来的单位不服这个裁决，开始用种种方法阻挠工伤认定的生效。

钱亚冰 那么，何圣龙到底能不能够拿到单位的工伤赔偿款呢？来看大屏幕。

配　音 通过向劳动仲裁提行政复议、向法院提诉讼等多种方法，企业主穷尽了所有手段，想来拖延时间。一晃又是5个月过去了。这期间，单位还变更了企业名称和法人代表。

2012年6月，在社会共同关注下，当地法院多次组织调解。当年8月，企业方终于同意庭外和解，一次性补偿何圣龙工伤赔偿款23万元。

钱亚冰　真是一波三折！咱们的法援工作者付出了如此多的艰辛！下面我请上受到本次援助的当事人何圣龙。

【何圣龙上场】

钱亚冰　你好，何圣龙，现在身体怎么样？

何圣龙　我现在在苏州，一边打工，一边吃药保养，大医院条件好，确实感觉恢复的还不错。

钱亚冰　听说刚开始你绝望的想自杀？

何圣龙　是的，我一个农民工，没啥文化，也不懂这么多法律规定，找哪里哪里都推辞，我真是走投无路了，就想跑楼顶去跳楼的。如果不是法律援助，我根本不会有今天。我的命是法律援助给的！

钱亚冰　祝你早日恢复健康，生活越来越好！

何圣龙　谢谢！谢谢！谢谢周律师，谢谢东台法援中心的领导，谢谢大家！

钱亚冰　值得警醒的是，何圣龙案并非个案。下面我们请出南京大学法学院院长、博士生导师李友根教授对案件进行点评。

李友根　一位外省民工不幸罹患尘肺职业病，不仅得不到堂兄老板的关心、救助，反被辞退，且无任何补偿。身受疾病折磨的他，求告无门，走投无路，是"有理无钱打官司，法律援助不收费"的宣传标语引导他走上了依法维权的道路，重树了生活的信心与勇气。

承办此案的周尧律师，认真负责，敬业专业，克服了法律程序上劳动关系确认、职业病诊断鉴定、工伤认定、赔偿申请、诉讼、调解等一道道难关，历时两年，终于为受援人讨回了公道。本案告诫我们，经济的发展绝不能以牺牲人民的生命健康为代价。尽管我国已经制定了《职业病防治法》等法律法规，但由于部分企业违法失信、所在地政府疏于监管、职工维权无力等原因，近年来，全国平均每年报告职业病新发病例 1 万多例，半数以上的病例集中在中小企业，特别是中小型民营企业。职业病最多的为尘肺病，正成为看不见的"矿难"，其次为苯、镉、铅等职业中毒，威胁着广大职工的生命与健康。在此我们呼吁有关方面、有关企业应高度重视工人的劳动保护和职业病防治，改善职工生产条件。希望劳动、司法部门重视做好这类案件的法律援助，切实维护患病职工的合法权益。

李友根教授话语铿锵，充满感情，座无虚席的演播大厅内掌声响起，经久不息。

当天下午，基金会名誉理事长陈焕友就坐在王霞林身边，他侧身对王霞林说："这个报告会好，对政府是一种责任的提醒，对社会是一个观念的教育，对人民是一个交代。"

社会在进步，法治在完善，随着时间的推移，党和国家将安全生产提到了前所未有的高度。

2014 年 8 月，江苏昆山中荣金属公司发生"8·2"特别重大爆炸事故，国务院严肃处理：18 人涉嫌犯罪被采取司法措施，35 人受到党政纪处分。除对中荣公司董事长吴基滔、总经理林伯昌、经理吴升宪 3 名企业高管采取司法措施外，对昆山开发区管委会副主任、党工委委员、安委会主任陈艺，昆山开发区经济发展和环境保护局副局长兼安委会副主任黄惠林，昆山市安全监管局副局长陆冠峰，昆山市公安消防大队原参谋、现任张家港市公安消防大队大队长王剑，昆山市公安消防大队大队长宋秀堂，昆山市环境保护局副局长丁玉东等政府监督部门人员也采取了司法措施。

国务院同意事故调查组提出的事故防范措施建议，要求各地区、各相关部门和企业深刻吸取事故教训，始终坚守"发展决不能以牺牲人的生命为代价"这条红线，深入贯彻新《安全生产法》和相关法律法规，强化依法治安，落实安全发展，加大政府及其有关部门安全监管力度，强化开发区安全监管，严格行政许可审批，全面落实企业安全生产主体责任，推进粉尘防爆专项整治，有效防范和坚决遏制类似事故发生。

安全生产，人命关天，没有了人的健康，要钱何用？

马克思说：资本来到世间，从头到脚，每个毛孔都滴着血和肮脏的东西。

那样的时代早已被历史的车轮碾碎，今天的中国是人民当家做主的时代，所以，要给资本套上笼头，不能让它随心所欲地"吃人"！

第七章

七年漫漫法援路

万考贡案，法律援助面对的是一家民营企业，而接下来的这件案子，法律援助要面对的却是案件的审判机关——法院。

案情的起始并不复杂，只是一件再普通不过的交通肇事案件，谁料却惊动了江苏、浙江两省高院，而且动用了报纸、电视等媒体力量，一件普通的交通肇事官司打了整整7个年头才有了结果。

事情的一切缘起那个毫无征兆的清晨，浙江海宁市长安镇消王村头，薄雾掩映下，从江苏盱眙来海宁打工的席正良四脚朝天倒在了熊某的货车之下。当包工头李红匆匆赶来时，货车司机正满脸惊悸地看着倒地的席正良，手足无措。先前，工友已打电话给当地120，警灯闪烁，交警、救护人员前后赶到，现场一阵忙活。半小时后，救护人员摸摸席正良的鼻息，无奈地说声："没救了。"

这天是2006年8月15日，天低云暗。

席正良是江苏盱眙人，李红是他的远房亲戚，论起辈分来李红喊席正良舅舅。2002年以来，席正良就一直跟在李红后面打工。李红比席正良年轻，头脑活络，牵头承包修桥筑路工程，先后在南京、上海等地修路架桥。2006年，李红把头脑反应有些迟钝的远房舅舅席正良带到浙江海宁长安镇的修路工地，谁承想在这个8月的清晨发生了这起交通事故。人有旦夕祸福，席正良撒手人寰。

席正良家有四口人，老婆和一儿一女都是智障人，智障人是官方称呼，农村俗称傻子。席正良为何要娶个傻子为妻，当然是因为穷。席正良父母早亡，家境贫困，只有两间漏风的破屋，加上他老实巴交，不善言辞，头脑反应有些迟钝，年过30岁仍然娶不上媳妇。媒人上门，说邻村有个姑娘卢淑兰，长得好看，只是脑子有点迟钝，人称傻姑，父母不要彩礼，你娶不娶？席正良正值壮年，荷尔蒙正盛，连连答应。

卢淑兰人虽有智障，生育能力却不差，结婚后接连生下一儿一女，席正良还没来得及高兴，就发现儿子女儿都遗传了妻子的基因，智力不健全。一家3个智障人，全靠席正良养活，但靠种几亩承包田，显然无法养家糊口，恰好远房亲戚李红招工，席正良便跟着李红外出打工了。不想屋漏偏逢连夜雨，全家唯一智力健全些的席正良在这起飞来横祸中丧生，家中的顶梁柱轰然倒塌，抛下了3个智障人。邻居见了都摇头叹息：倒霉事都让这家人赶上了。

事故发生后，当地交警部门认定：货车司机应负全部责任，并在第一时间设法通知了席正良远在千里之外的江苏盱眙老家的亲属。第二天，席正良的傻妻卢淑兰在哥哥卢某和女婿叶连明的陪同下赶赴浙江海宁处理善后事宜。

包工头李红在海宁热情接待从盱眙赶来处理后事的一行人，扮演着"娘家人"的角色，带着席家来人四处交涉。经海宁市交警大队协调，由交警队先行垫付丧葬费15000元将死者火化。3天后，席家亲属带着席正良骨灰盒回到盱眙，将死者入土为安。

处理完席正良的后事，问题来了，席正良妻子卢淑兰和儿子女儿都是智障人，不能正常表达自己的诉求，席正良案件该如何申诉索赔？

卢淑兰哥哥卢某怕麻烦，再说即使妹妹索赔成功，自己也不是受益者，还得搭钱搭工夫，所以态度并不积极。这时女婿叶连明站了出来，如果索赔成功，妻子席翠翠是受益者，因而女婿叶连明对自己的老父亲说，就是砸锅卖铁我也要为老丈人讨回公道。老父亲点头同意，于是卖掉家中一头耕牛筹足路费，带着卢淑兰的哥哥二次赶赴海宁，去讨要赔偿。找到交通部门后被告知：肇事方不接受调解，要拿到交通赔偿需走法律程序。叶连明一头雾水，啥法律程序？最后弄明白，就是到法院打官司！

打官司就要找律师，找律师要花钱，横跨两省，来回旅费都没着落，哪有钱给律师？

回家路上，叶连明看到了农村土墙上写的法律援助标语"要懂法，找 12348"。

电话打过去，接线员耐心听完他的讲述，告诉他，像他这种情况，可以去找法律援助，免费帮他打官司。

有这等好事？叶连明抱着试试看的心理在母亲陪同下来到盱眙县法律援助中心，申请法律援助。这天是 2006 年 9 月 10 日，距席正良离世将近一月。

盱眙县法律援助中心接受叶连明申请后，随即指派江苏法之衡律师事务所倪永保律师承办该案。倪永保律师接下案件，便和叶连明一起到浙江海宁调查取证，查明肇事司机熊某受雇于浙江海盐人康某某，肇事车辆则系浙江海宁人居某某所有，康某某与居某某签订了车辆转让协议，肇事车辆投保了交通事故责任强制险。

锁定索赔对象后，倪永保律师立即赶回盱眙将 3 个智障人的材料送交南京脑科医院司法鉴定所，并申请盱眙县法院对 3 个当事人进行无民事行为能力申告。2006 年 11 月 21 日，南京脑科医院做出鉴定结论，席正良的妻子卢淑兰、女儿席翠翠和儿子席玲玲等 3 人均无民事行为能力。2007 年 3 月 21 日，盱眙县法院依法做出（2007）盱民特字第 1 号民事判决书宣告：卢淑兰等 3 人为无民事行为能力人。因 3 个人都无民事行为能力，其监护人需要法院或者村委会指定。为此事奔波多日的女婿叶连明提出，自己可作为 3 人监护人。按说在席正良其他亲属都不愿出面的情况下，女婿作为监护人并无不当，并且案件发生后，叶连明积极参与其中，跑前跑后，丈母娘和老婆、小舅子等人去浙江的路费食宿都是叶连明筹措。但是，司法鉴定席翠翠为无民事行为能力人，按照现行法律规定无民事行为能力的人是不能结婚的，所以，叶连明与席翠翠的婚姻属于无效婚姻。既然婚姻无效，便不能形成合法夫妻关系，因而在法律上叶连明并不具备监护资格。

叶连明不服气，说："我和席翠翠已经结婚，明媒正娶，还到民政局扯了结婚证，在法律上是合法夫妻，生活的也很和谐，怎么就没监护资格了？"

但感情不能代表法律，事实也不能改变法律。盱眙县王店乡杜山村民委员会经过综合考虑，决定让席妻卢淑兰的哥哥行使监护权，并出具了相关证明材料。

一番折腾下来，这场原本普通的交通事故已经过去了8个多月。

2007年4月23日，法律援助律师倪永保带领席家人再次赶去浙江，去打这场交通事故官司。为筹措路费，叶连明咬咬牙又卖掉家中一头耕牛。然而，令他们没想到的是，当他们赶到海宁法院时，却被告知事故官司已经处理完结，损害赔偿款已经被人领走了。女婿叶连明当时就蒙了，是谁冒领了赔偿款？倪永保律师立即申请调档，才弄清楚冒领了赔偿款的人是李红。

原来，就在法律援助律师为申告人四处奔波之际，李红却瞒着众人，私下写了一份授权委托书，骗取席妻卢淑兰等3人盖了手印后走了。就是凭着这份委托书，李红以卢淑兰等3人委托人身份于2007年初到海宁市人民法院进行民事调解，"授权"达成了与被告康某某赔偿256500元的协议，而后将所有赔偿款项装入了自己腰包，消失得无影无踪。这一切，席家人、叶连明和法援律师倪永保都被蒙在鼓里。

李红冒领赔偿款对席家人来说是雪上加霜，一个智障家庭失去了顶梁柱本来就痛苦不堪，现在连赔偿款也被别人冒领，这让3个智障人今后该如何生活？

这结果也让法援律师倪永保颇为尴尬，按照法律程序忙活半天却为骗子做了嫁衣。

女婿叶连明更是沮丧，忙前跑后，数次来往，赔进去几头耕牛，换来的却是竹篮打水一场空。叶连明老父亲和母亲得知结果更是郁闷不已，指责儿子比媳妇更傻。

当事人特殊，赔偿款又被冒领，使原本一件普通的交通肇事案顿时变得复杂起来。

按说，官司在法院已经了结，法律援助也就完成了对当事人的义务。但这结果却使盱眙县法援律师倪永保如鲠在喉，这算怎么回事嘛！

接下来该怎么办呢？

2017年12月12日临近中午，我和青年作家胥容菲到达盱眙县奥体中心的金沃大酒店。办理好入住手续后，我们在大厅等待盱眙县司法局副局长孙华春的到来，他出门时被一临时案件拖住，一时赶不过来，打来电话连说抱歉让我们稍等。

盱眙是江淮大地上一座美丽的县级市，临山面水，近些年，盱眙因为龙虾在整个江苏市井中声名远播，据省餐饮协会称，龙虾上市时，省城南京一天平均消耗的龙虾在60吨上下。

盱眙二字寓意为"登高望远、高瞻远瞩"，千里淮河在这里流过，滋养着一代又一代朴实的盱眙人，碧波无垠的洪泽湖、明代第一陵明祖陵、汉朝瑰宝大云山，都星罗棋布点缀在城市画图其间。然而事实上盱眙是一个革命老区，当年陈毅、粟裕、刘少奇等都在此战斗过，至今黄花塘仍保留着新四军指挥部的旧址。可一个不争的事实是：革命老区大多处在贫困地区，许多老区尚未脱贫。盱眙也不例外，前几年还名列江苏的帮扶贫困县之列。

很快，孙华春匆匆赶来，宾馆接待大厅里，一边快步走过来跟我们打招呼，一边不停地道歉："抱歉，抱歉，来晚了！这不，临时处理一个棘手的案子，让你们久等了！"

孙华春个头不高，身材清瘦，或许是长期在基层奔波的缘故，皮肤被晒得黝黑，他以前是法援中心主任，现在升任副局长，管的事情多，会也多，下午还要参加一个会议，只有中午吃饭时可以跟我们聊聊。

孙华春是 2010 年开始接触到席正良这个案子的，那时这个案子正陷入僵局。那一年江苏全省启动了大规模的法律援助活动。由于工作需要，孙华春从盱眙县司法局办公室调到了局法律援助中心做主任。

　　刚接手法律援助时，孙华春感觉与之前的工作有很大的落差，以前在办公室接触对象都是局领导和机关干部，工作虽忙但有规律，是很纯正的机关生活节奏。而接手法律援助工作后，天天挤在他办公室的全是来自盱眙基层的贫困农民、居民，大都衣衫不整，灰头土脸，有些人是讨薪无门，有些人是被儿女抛弃，有些人是遇到了天灾人祸，他们普遍文化水平较低，很多连事情过程都表述不清，对法律更是一窍不通，特别一些中老年妇女来到办公室不是哭鼻子就是抹眼泪……孙华春当时内心是抗拒的，他不止一次想：整天跟这么多生活悲惨的人打交道，天天生活在这种灰色抑郁的氛围中，我该怎么承受啊？可是又一想，这个工作若都不愿意做，局里又应该交给谁呢？

　　孙华春决定沉下心来，理清思路，努力调整心态，把该做的工作一件件做好。很快，席正良的案子摆在了孙华春的案头。

　　前面说到，法律援助律师倪永保 2006 年接下了席正良案，与当事人去浙江海宁跑了数次，几年下来，案件曲折陷入僵局，至今卷宗已经有一尺多高！孙华春翻看卷宗，案件原本并不复杂，就是一件普通的交通肇事案，只是因为当事人特殊，赔偿款又被李红卷款逃跑而变得诡异起来。说白了，就是官司结了却拿不到钱。

　　孙华春找来倪永保了解案情，得知案件之所以搁置不前是因为海宁法院以案件已经审结为由，不再受理。而李红卷款逃跑后再无露面。

　　为拿到这笔赔偿款，法援律师倪永保使出了浑身解数，他曾向海宁法院提出复查申请，并带着 3 个智障当事人到海宁市信访局上访，但海宁信访局不予理睬。无奈之下，倪律师让 3 个当事人在信访局门前静坐了 3 天，最后，海宁市信访局领导接待了他们，好言安慰让他们先回家，等候消息，回到盱眙后却再也没有回音。

从 2006 年到 2010 年，倪永保曾数次往返于盱眙与海宁之间，将申诉状递交到浙江省高院等多个相关部门，均无结果。万般无奈下，他将此案汇报给了新上任的法援中心主任孙华春。

这样一件事实清楚的普通交通肇事案竟然跑了 4 年没有结果，这让孙华春感到不可思议，他开始详细研究案情。

此案症结在第三者李红，抓住李红一切将迎刃而解。可是在此种情况下，如没有侦查机关介入，单凭法援律师和席正良妻女之力难以找到李红踪迹，而找不到李红，又如何为当事人追到赔偿款？而海宁法院则以案件已经审结为由拒绝再受理，案件进入死胡同，又该如何向前走？

早已过了下班时刻，孙华春还在沉思，窗外月上三竿，孙华春还在伏案翻阅卷宗，妻子几次打来电话催他回家吃饭，孙华春肚子却浑然不觉饿，他让妻子不要等他。

忽然，孙华春有了重大发现，浙江海宁法院在席正良一案审办过程中有重大过失！过失就是证据审核把关不严，轻信了李红伪造的授权委托书。按说，如果海宁法院审核程序严格，在拿到李红的授权委托书后能致电 3 位智障人所在的盱眙杜山村村委或当地民政核实情况，李红是绝对拿不走赔偿款的。据此孙华春认定，李红违法骗取赔偿款，海宁法院审核委托书不严存在过失，理应启动重审！

案情理顺，孙华春心情大好，回家睡了个好觉，第二天清晨，早早来到了办公室，他觉得自己胜券在握，他要向海宁法院讨个说法。

令孙华春没想到的是，和海宁法院的较量并不顺利。

那天在办公室里孙华春打开录音笔的录音键，给海宁法院纪检组长打了第一通电话。法律需要证据，为便于今后查证，他灵机一动，觉得有必要录音。

在电话中，他简单复述了席正良一案，并义正词严地告诉对方："我代表的不是席正良家属，而是盱眙县司法局法律援助中心，我们是以政府的名义与你们交涉，无论如何都要为我们盱眙县的弱势群体讨一个公道！"

对方接完电话客气地说了一句，"我们会核实相关情况"，就把电话挂掉了。

孙华春从对方的口气上听得出，人家根本没鸟他！是啊，盱眙县法律援助中心只是一个股级单位，而海宁法院是副县级单位，高出两个行政级别，再说又是跨省，对方根本没把孙华春放在眼里。

果然，此事再无下文。

孙华春很郁闷，法律面前人人平等，何况我们还是政府机关，你们怎么能置之不理？

法援基金会理事长王霞林有句名言：案结、事了、人和。此案海宁法院认为已结案，但当事人并没认可，事未了，何谈人和？此案结果有违法律援助初心，因而孙华春心有不甘，他带着法援律师和当事人直接去了浙江海宁法院，找到法院纪检组，却碰了个不软不硬的钉子。海宁法院坚持认为，此案已结，程序合法，要钱你们去找李红，和法院无关。

先前，倪永保也曾带着3个智障人去海宁市公安局报案，要求追究李红的刑事责任，追回其诈骗的赔偿款。但海宁市公安局出具了(2007)第045号答复意见书，称"不符合立案条件，不予立案"。

孙华春心中有气，胸中有火，但却无可奈何，有气无处撒，有火无处发。他知道这件事的关键在海宁法院，必须让法院介入才能有最终结果。那么，怎么样才能让法院介入呢？唯一的办法就是把动静弄大，使法院没法不理。

他上网查阅，得知海宁法院是一个连续多年获得全国优秀法院的荣誉集体，所以，如果承认在处置席正良案中有失误，会很丢面子，所以拒不承认过失。

你既然要面子，那我就造成影响！孙华春想到了媒体。对，能不能动用媒体力量，逼迫法院受理此案？然而，一件小小的法律援助案件能够引起媒体关注吗？

令孙华春没想到的是，机会来了！

江苏省法律援助基金会参与创办了江苏电视台城市频道法制栏目《法治集结号》，运用群众身边发生的典型案例向公众进行法律宣传。当栏目记者徐海波听完孙华春的案情介绍，拍了一下大腿并表示这个案子有典型性，媒体可以介入！

徐海波将此案情向法援基金会做了专题汇报，理事长王霞林听后说好，就是要抓住典型案例扩大影响。随后，江苏城市频道在黄金时段的《法治集结号·追缉令》栏目里播出了这个案情，动员社会各界力量协助追寻携款逃跑者李红。接着经法援基金会联系，《江苏法制报》也在头版披露了此案件。

有了媒体支持，孙华春带上《江苏法制报》的文章和江苏电视台的视频报道再上海宁，他这次是有备而去，一定要向法院讨个说法！

孙华春让律师带3个当事人在法院门口静坐，并设法把《江苏法制报》的文章和《法治集结号》的视频报道捅给了海宁法院的院长。

静坐上访，实在是无奈之举，也是现阶段法治建设中的尴尬。海宁法院院长看了媒体报道，终于坐不住了，主动和孙华春联系，把他请进了法院办公室奉以热茶，和颜悦色地跟他沟通起来。法院纪检组长跟他商量："我们在公安帮你们立案吧，钱是被李红骗走的，我们一起通缉他，只要把他抓到，让他还钱就是了啊！"孙华春不动声色："首先说明，李红骗走的是法院的钱，不是我当事人的赔偿款，你们怎么立案和通缉我们不管，这是你们海宁法院和李红之间的事。我们只对我们法律援助的案件当事人负责，我的当事人因为你们海宁法院的违规失误，没有在法院拿到该有的赔偿款，法院应负起这个责任。虽然你们是县级单位，我们是股级单位，但我相信，公权力在法律面前都是平等的！"一番话有理有据，义正词严。海宁法院纪检组长无言以对！

此时在江苏省会南京，省法律援助中心和法律援助基金会也在忙碌着，王霞林理事长亲自打电话给江苏省高院院长公丕祥，请他同浙江省高院沟通，请他们关注此案，给弱势群体以法律公平。江苏省法律援助中心主任翟洁君也将电话打到浙江省法援中心，拜托他们在法律框架内给予关心。

最终，案件在江苏、浙江两省司法、法院、公安的配合下迎来转机，3个智障人控告李红案得以于2012年在海宁公安机关立案。公安机关随即在浙江、江苏、安徽、山东、湖北五省展开追逃。迫于追逃攻势，当年10月李红终于归案，承认自己诈骗了全额道路交通事故赔偿款，但已经被其挥霍一空。

在法庭上，李红表示悔罪，一定争取多偿还诈骗的赔偿款，以求得3个智障人的谅解。随后，李红亲属筹集资金7万元，送交到海宁市人民法院，并承诺再打5万元欠条。第二年，海宁市人民法院连续3次开庭，原告方、诈骗嫌疑人、交通事故肇事方在法庭上展开了激烈的辩论，最终，民事宣判赔偿受害人现金15万元，同时由李红当庭打下5万元的欠条，保证在出狱后立即给付。法院也从司法救助的角度给付受害人现金4万元。当日，在刑事审判庭，法院以诈骗罪判处李红有期徒刑7年。

官司打了7年终于有了圆满结果，3名当事人的权益因法律援助的强势介入而得以保障。消息传到南京，王霞林得知此案件结果非常高兴，特意从法律援助基金中拿出奖金奖励此案的办案律师，并代当事人向盱眙法援中心说句"辛苦了"！

随后，此案入选当年江苏省司法厅优秀法律援助案件。回顾办案过程中的艰辛，孙华春百感交集，不过，听到王霞林主任那一声"辛苦了"！使他的内心得到无比的满足，作为一个法援人，任何辛劳和付出此刻都值了！

　　按说这桩法律援助案件至此应当结束，然而实际情况却是，此案在孙华春心中留下一丝遗憾：此案最终的办理结果没能得到另一位当事人叶连明的理解。

　　第一次听到叶连明的事是在我们到达盱眙采访的当天晚上。

　　那天晚上，孙华春个人邀请我们一起吃个饭，就在他家旁边一个普通的家常菜馆里，餐厅的环境虽然简朴但十分的整洁。那天的晚饭主要是谈工作，边吃饭边聊聊席正良的案子，所以，孙华春还请了一位客人，就是席正良案件的法援律师倪永保。倪律师下午因为有个案子出庭，所以来得晚了些。在等他的过程中，孙华春介绍说，倪律师热心公益，是参与法律援助案件最多的一个律师，他富有同情心，十分热衷于帮助贫困群体打官司，席正良的案子基本上都是他在跟的，他了解案件的全过程，你们可以好好跟他聊聊。正说着，一个高高瘦瘦，戴着黑边眼镜的男人出现在门口，笑着跟我们打招呼，孙华春说这就是倪律师！

　　聊席正良的案件，绕不开叶连明，因为叶连明是最早介入席正良案件的人，也是他代席正良亲属申请的法律援助。

　　提到叶连明，倪律师意味深长地叹了一口气说："也是个可怜人呐！"随即摇了摇头，不再说话。我们再问，倪律师只道说来话长，饭后跟你们详聊，岔开了话题。大家便聊一些生活上和工作上的趣事，孙华春却主动提到了叶连明，他说："我们原本是一片好心，没想到竟然得罪了他，两位老师啊，你们明天到了叶连明家里，一定要问问他，他有什么需求，我们能满足的，能帮他解决的，一定帮他解决……"

　　倪律师在一旁微笑着，对叶连明依然不发表意见。

　　晚饭后，我们请倪律师到我们下榻的宾馆，在我的房间里，倪律师点燃了一根烟，终于谈起了他眼中的叶连明。下面是倪律师的讲述，案件过程和前面讲到的差不多。

叶连明家在王店乡，靠近天泉湖镇，以前是一个小渔村，因为地处丘陵，交通不便，加上兄弟多，土地少，收入低，家庭条件不太好。因为家里穷，一直讨不到老婆，后来听说隔壁村的席正良家有个傻女儿，因为脑子不好使，找不到婆家，叶连明就去席家提亲，把席翠翠讨回来做了老婆，也没办什么婚礼，后来去镇上补办了一个结婚证。当然若较起真来，这个结婚证在法律意义上也是无效的。他跟席翠翠生了个儿子，智力正常。叶连明这个人蛮老实的，他跟席翠翠住在一起之后吧，就真把自己当成席家的女婿了。席正良没了以后，席家那一家人主要是叶连明在照顾。每个礼拜，他都开着一个手扶拖拉机，翻过山头，开上20多里山路，给岳母卢淑兰和小舅子席玲玲送菜和粮食。

席正良出事以后，开始在盱眙法院宣告程序，对席正良家人的行为能力进行鉴定，叶连明监护人的程序没走下去，因为他和席翠翠的婚姻不合法，所以他监护人的身份难确定，程序上存在问题。法院联系席家所有亲戚，叶连明岳母家所有亲戚都不愿意花钱费那个劲去索赔，后来虽然由席正良大舅子出面去打的官司，但花钱都是叶连明的。

叶连明和他妈妈去援助中心求援，正好那天我在负责接待，看完材料，就答应帮助他们走法援程序。打官司嘛，肯定要花钱的，即使我们法援律师费已经减免了，但他们亲戚往来浙江需要的交通费、食宿费，都要花钱。其他亲戚不掏钱，只有叶连明掏，他心里憋着一股劲，非要把这个官司打下来不可。其实，叶连明就是一个老实巴交的农民，除了种地没有其他资金来源，叶连明这个人呐，头脑谈不上聪明，但认死理。

后来的事情，你们都知道了，钱被李红骗走了。席正良的堂外甥李红这个人非常坏，死人的钱都敢骗，他将所有款项装入了自己腰包，消失得无影无踪。

我问叶连明，官司要不要继续打下去，叶连明说打，接着打！

为了打官司，叶连明把自家的几头牛都卖掉了，跟着我频繁到嘉兴中院打官司，第一次去法院把我们材料收走后就没消息了。我们一直等着，不见动静，因为去一趟代价还是很大的，拖不起，就回来了。第3年去的时候，叶连明为了打这场官司办了贷款，我们又去海宁待了一段时间，还是无功而返。第4年怎么办？基层法院不理、中院不理，我们就写申请书到浙江省高院，以上访形式，从人大、政法委、省高院等方面寻求突破。在此期间我帮他写了很多申请再审的法律文书，详述了死者家属的情况、背景、生活状况，启动了救济程序，争取重新得到审理，挽回损失，拿到赔偿金。就这样一年一年打官司，后来就真的没钱去了。第4年年底，我终于意识到仅靠我和叶连明的力量根本无法解决这个案子，于是就把情况汇报给了盱眙法援中心孙华春。最后，是孙华春帮助打下了这个官司，为席正良一家人讨回了公道。

回想帮席正良家打官司这些年啊，叶连明真是吃了不少苦头。我和他从盱眙坐大巴到海宁要十几个小时，中途还要在嘉善县下车，再转公交车到海宁。到了那边天都黑了，我体谅叶连明的家庭条件，两个人只能住小旅馆，最多80块钱一个晚上。第二天办事，几个单位跑一跑，吃吃饭，也要花钱的。食宿费，加上车票和打车费用，去一趟一个人最少也要300多元。你说叶连明卖一头牛多少钱，不超过5000块钱，跑几次就花光了。我知道他嘴上不说，心里是有压力的。他的岳母和小舅子住在家里也需要赡养，拿不到赔偿款，还赔几头牛进去，你说对这个贫困家庭是怎样的打击啊？

知道宣判结果后，是叶连明最高兴的一天！他给孙华春下跪了，还不停地跟我说谢谢，还送了一口袋山芋和几斤板栗给我，眼睛里都是含着眼泪的。

我本以为事情是个大圆满的。没想到法院赔偿款下来后，情况又有变化了。孙华春为了避免赔偿款再次被挪用，也因为对叶连明不够信任，怕再次发生李红那样的事，提议赔偿款由席正良所在的镇政府保管，采用分期付款方式，按月给付席正良一家生活费，以确保钱用在3位智障人身上。这时候，叶连明的心理开始有变化了，他觉得这样不公平，因为他为了这个官司可以说是倾尽所有，把家里的牛都卖了，还贷了很多款，他想不通，司法局为什么不能把这个钱一次性给他。他觉得，自己已经是3个智障人的实际监护人了，政府为什么就是不信任他？因此他就跟孙华春闹矛盾了。

历经7年辛辛苦苦讨回的钱，孙华春非常重视，他第一考虑的是这笔钱要切实花在3个智障人身上，必须要妥善安排好，绝对不可以再出现第二个李红！

孙华春关于"第二个李红"的担心不是没有道理的。听说席正良的赔偿款即将赔付到位，原先对此事并不热心的席家的七大姑八大姨纷纷来到杜山村，争先恐后地要当3位智障人的监护人。孙华春说："我不能看到问题还让它出问题！"为了慎重起见，孙华春与杜山村村委商量，最好由杜山村村委在民政上设立一个账户把钱存进去，由村委监管按月发放给3个智障人。万万没想到，给孙华春下跪的叶连明，第一个跳出来反对了！"凭啥？我是席家唯一的女婿，跟席翠翠领了证的！岳父死了打官司都是我张罗的，跑前跑后变卖了3头牛，这几年岳母和妻弟的生活也是我照顾的，每月给他们送米送面，赔偿款应当由我保管。"

叶连明的话也不无道理。但是赔偿款的受益人是3个智障人，先前又出过李红的变故，再者严格意义上来说叶连明的婚姻也属无效婚姻，如果将钱全部交给叶连明，叶连明如果生了私心，将款全部据为己有又该如何？

孙华春说："叶连明，把钱放在民政按月领不好吗？你为什么非要一次性领走这一大笔钱？你要干什么用？"叶连明说："我要在镇上买房子，和岳母一起住！"

了解到叶家这个需求，孙华春与镇上商量，是否可以给叶连明在镇上批一块地盖房子，叶连明和智障人一家有使用权，但产权不能给叶连明，只能给村委，什么时候这3位智障人都不在了，房子再给叶连明。这个提议，镇上也同意了。可叶连明一听，暴脾气又来了："凭啥？拿我们的钱盖的房子凭啥不能写我的名字？"孙华春说："万一你拿了房子不管3个智障人怎么办？"叶连明说："他们是我老婆、岳母和小舅子，我怎么可能不管他们？"孙华春："口说无凭啊！当年李红也是信誓旦旦说会管他们，但钱拿到手以后不照样玩消失？我不敢信任你！"叶连明："我是明白了，你们这些当官的，就是欺负我们老实人！"从此，孙华春再也无法打通叶连明的电话了。他明白，因为钱的问题，叶连明与他结了梁子。

2013年1月16日，孙华春经与王店乡政府沟通，为3个智障人办理了低保，解决3个智障人家庭的日常生活困难。

2013年7月10日，王店乡政府、盱眙县司法局、监护人王店乡杜山村民委员会法人代表及当事人亲属商定：将拿到的19万赔偿款存入王店乡民政社会福利站专用账户保管，作为3个智障人日后的生活费用，按月发放。此案终于画上了句号。

那晚，倪律师最后这样说："在我看来啊，孙华春当时的做法应当是没有错的，领导有他的想法。但如果是我来安排的话，我认为把钱全部给叶连明也没什么不可以。因为叶连明毕竟跟席翠翠有孩子了啊，之前还没拿到赔偿款的时候，3个智障人一家的生活就一直是叶连明在管不是吗？他小舅子每次发病，他都负责把他送到精神病院，岳母每次生病，他都负责医药费。从来没有虐待过3个智障人，他可是个老实人啊……"

听得出，倪律师的情感天平偏向叶连明一边。

盱眙县王店镇杜山村是席正良的老家。

第二天上午，我和小胥决定去杜山村看一看席妻卢淑兰和她两个子女的生存现状。

我们被导航软件带着出了盱眙县城三十多公里，乡道还算平坦，路上人少车稀，导航把我们导到一片田野旁边的岔路上，便显示到了杜山村。放眼望去，这里的土地一片片十分规整，岔路北侧的农舍也都是砖瓦水泥房，不少人家都是上下两层，门前大都有一片水泥铺就的院落，大大的不锈钢门，看上去不是一个很穷的村子。根据导航语音提示，这里就是杜山村村委会，可是四处张望，见不到村委会的牌子。

我们下车问一位老者："大爷，请问杜山村村委会在哪里？"那位老人用拐杖指了指我们来时的路，说："你们拐回去向左一直走，看到路边有块大石头，上面写着'杜山村'，那里就是村委。"

果不其然，我们按照老人指点往回走，从先前的岔路口向左走了不到一公里就看到了一块山字状的假山石，山石后面是一片村庄，这片村庄显然比刚才看到的繁华许多，道路两旁都是簇新的两层楼房，村委会就在街道中间南侧的楼房内。

杜山村村支部书记颜士忠在杜山村村委门口等着我们，颜书记56岁，人很精神，一看就是农村干部模样。村委会一楼40多平方米，被分割成两个区域，左侧是办公区，右侧是会议接待区，显得不是很宽敞。颜书记的办公桌靠近门口，那天零下四五度，可这个村委房门洞开，屋里冷冰冰的，连一个像样的取暖设备都没有，坐下来感觉又湿又冷，我们只好站着聊。

颜书记连连让座，他介绍说：这里为啥叫杜山村，因为这个村横跨了盱眙最高的山——杜山。村子包括几个自然村，共有2960口人，他最近的主要工作就是设法把村民们都集中在一起居住，这样便于管理和培植商业，剩下的土地也方便统一规划和环境改造。现在村委所在的地方就是集中居住规划地，饭店、银行、澡堂一应俱全。人气旺的地方钱就可以流动起来了，现在村里聪明的人家都到规划地居住了，这里会聚了杜山村一大半的居民，只有少量想不开的村民依然坚持住在自己原来的地方。他又说，村里现在有6000多亩土地，但土壤比较差，是酸性的黏土，含水量不够，只能种一点低产的水稻。现在很多农民都不乐意自己种地了，把地统一租了出去，一亩地一年可以租700多元人民币……

话题回到席正良一家的事，刚才一直健谈的颜书记似乎欲言又止。他说，席正良一家是杜山村很特别的一户人家，因为他们全家智商都有点问题。席正良的一双儿女和老婆都是智障，不能正常与人交流，比如席正良的妻子卢淑兰每天要到他们家的地头上走一圈，明明有一条近路可以直通，但她只能记住那条绕远的路，并回回都沿着那条远路走。席正良的女儿席翠翠讲不清楚话，大多数时候只喜欢冲着别人傻笑，席正良的儿子席玲玲半疯半傻，被人激怒时有攻击性。而席正良自己呢，只能说勉强可以与人沟通，老实得有人说他傻，因为他跟别人在工地上干活时，从来都不会算自己的工钱，老板给多少拿多少，也不会算自己的工作量，老板让他干多少他就干多少，别人挑一担50斤的土，让他挑100斤他也没有感觉。这个家庭其实就是一个智商不高的人在养活着3个智障人，他们的生活难度可想而知。

村委工作人员用纸杯给我们端来一杯水，交流在继续。

颜书记说："席正良的车祸给了这个风雨飘摇的家庭一个致命的打击。全家唯一一个智商稍好一点的劳动力撒手人寰，那3位不懂世事的智障人该何去何从？不得不说，席家的女婿叶连明这时发挥了作用。叶连明平时看着也是个老实人，一直对这3位智障人关照着，每个月都给丈母娘卢淑兰和小舅子送粮食和油盐。给席正良打官司时，叶连明也表现得很积极，我也曾陪他跑了三四次浙江，一开始案子打不下来，叶连明都快绝望了，多亏了法律援助，孙华春以政府的名义帮席正良维权，又打了5年，才把官司打赢了，对方赔偿了20多万元。这些事你们都知道了吧?"

颜书记顿了顿又接着往下说："钱到了我们这边以后呢，事情就不太对了。原本席正良一家还有许多亲戚，但在席正良出事以后，谁都不愿意当3位智障人的监护人。但官司打下来后，这些亲戚全都闻讯而来，争着要做他们的监护人，包括叶连明。后来，经过镇政府、司法局和我们村委会磋商，这个钱必须一分不少地花到智障人身上，所以要放到民政，让叶连明每个月领钱给3位智障人，叶连明不高兴，想把钱一次全部拿走，没人同意。他就再也不理我们了，对我们的态度从最初的感激变成了怨恨。其实，村里也是为他岳母一家好，一次性交给他，他拿到钱不管他们了怎么办? 卢淑兰原来拿低保，席正良去世后，我们村委为卢淑兰办理了五保户手续，让她在我们村的养老院养老，吃饭、治病都是政府管，也给叶连明减少了不少负担，但叶连明始终不高兴，也不愿意原谅我们，我们也是委屈得很!"

经过仔细询问，我们了解到最初赔偿的20多万元款项，经过了5年多的领取，如今也只剩下七八万元了，由于资金放到民政以后，没有利息，也没有增值，这么多年无形中也在不断贬值中，我们问为何不在银行给他开个账户，给他们涨点儿利息呢? 颜书记说，当时没想那么多呢，只是想着别出第二个李红!

叶连明因为不能一下子拿到全部的补偿款，因而对政府由感激变为抱怨。

我们对叶连明这个人有了兴趣，很想见到他跟他聊聊。颜书记帮我们联系上了他。颜书记在电话中说："叶连明，司法厅有领导来想跟你见一下，了解一下你家的情况……没有没有，他们没有带摄像机……人家大老远从南京赶来了都有空，怎么你没空? 你放心吧，人家不会到你家吃饭的，连一口水都不会喝！你不要再犟了，有什么困难你跟他们说好吧，人家是来帮助你们的……"

终于，叶连明同意了我们的采访。我们启程奔赴叶家之前，想先去席正良之前的家看看卢淑兰。颜书记开车带我们到了席家。不得不说，他们家的房子也许是整个杜山村最残破的一栋房子了，一间十几平方米的泥瓦房子外加一个五六平方米的厨房，墙壁上有深深的几道裂纹，木板做成的大门，上下有二十多公分窗户是用塑料布糊住的，我们透过墙缝往里看去，里面乱七八糟堆着一些杂物，散发出陈腐的味道……胥容菲没见过这么破的房子，这样的房子能住人吗？颜书记说："村里为她办了五保，她不去养老院，一直住在这间房子里。"村里给她这间房子通了电和水，果然，一个崭新的电表挂在房子的外墙上，这也许是卢淑兰家看起来最新的东西了。

卢淑兰不在家，邻居说："不知道又跑到哪里看风景去了！她整天一个人在外面溜达，很少待在屋里。"

我们围着卢淑兰的房子又绕了一圈，屋后是一片树林，屋前的院子倒是干净得很，还扎着一圈篱笆。颜书记说："这个老太太很难办呐，脑子又不好使，儿子席玲玲已经在一年前去世了，现在是她一个人过，说什么也不去养老院！"

离开卢淑兰家，坐上车时，我忍不住回头看了一眼，卢淑兰的房子前面不远处，就是村里的一座教堂，虽说也很简陋，但比起卢淑兰家的房子坚固多了，教堂山墙外面用红油漆显眼地画了一个"十"字，屋里面十几张木头椅子，一块黑板，黑板上面用红纸写着"以马内利"，看样子经常有村民到那里去听基督教布道，也许这个教堂是杜山村村民仅有的几个精神生活活动场所之一，不知道智障的卢淑兰有没有去听过，即使去听过也应该听不明白吧！

颜书记没有陪同我们去见叶连明，他怕不方便。

从盱眙杜山村到叶连明家要翻过当地最高的山——杜山，说是最高的山，其实只是一片丘陵，丘陵的景色很美，坡势舒缓而绵延，谷底有成片的树林，有湖泊与河流。初冬时节，四处深深浅浅的黄褐色，树木旁逸斜出的枝干，湖面粼粼的波光，远处青白相间的云霞，再配上稀稀落落的农舍与炊烟，从车窗向外望去，好一幅静谧的油画世界！

可当渐渐下了山，靠近了那些稀稀落落的农舍，眼前的画面顷刻间变得斑驳且凋零。山中的民居隔得都很远，岔路又多，一路问人，才到达叶连明家的附近，小胥将车停到村头的一处废旧篮球场旁边，我给叶连明打了电话，没想到他在电话中直接给拒绝了："你们不要来了，我没什么好说的。"我对他说："刚才你答应见我们，现在我们已经到你村头了，你来接一下，我们只是想到你家看看。"

在我的坚持下，不久，他开着一个三轮拖斗车来接我们了。三轮车停在我们面前，他右手扶着车把，左手抱着一个孩子。途中，我们曾经想象这个叫叶连明的男人是个什么模样，可真正见了面，发现他其实就是一个朴实的农民，敦实的身材，圆圆的脸盘，眼睛也似乎是圆的，但眼神却蒙上了一层阴郁的色彩，他的皮肤被风吹日晒得紫黑紫黑，见到我们有些拘谨，又有些尴尬。我摸摸他怀中抱着的孩子，一个长相挺漂亮的小女孩，双眼皮大眼睛，可一身衣服脏兮兮的，袖子上全是鼻涕结的硬块，戴一个虎头帽，一只鼻孔流着鼻涕，红红的腮蛋上满是霜痕。叶连明朝我们挥挥手，让我们跟着他的三轮走。

通向他家的是一条土路，我们的车在坑坑洼洼的泥路上左右倾斜，还刮了一下底盘，终于挤到了叶连明家门口。他们家布局是一个四合院的样式，但却不是真正的四合院，所有房子连最基本的外墙装饰都没有，有的挂了一层水泥，有的就露着红红的砖墙。院子很大，院子中央铺着一地玉米棒子，金黄金黄的，一群鸡鸭鹅在我们来的小路上成群结队，院子随脚就可以踩到一脚鸡屎鹅粪。

女主人席翠翠长得又高又壮，五官挺周正，但看得出来有些智障，她用呆滞的眼神望望我们，忽然傻傻地笑起来，在院子里的水缸旁边，她手拿着刮皮刀，在用力削着一个青萝卜，那是一家人的中餐。叶连明停好三轮车，抱着孩子走了过来，我们站在院子里与他攀谈，想了解一下他岳父案件结案以后他最真实的想法，没想到却遭遇了叶连明的抗拒，他接连摆手，扭头，口里说着："算嘞，算嘞，没什么好说嘞！"

叶连明的父母在一旁急得直跺脚："你就说说能怎样？心里有想法还不能说说嘛？"见叶连明不住地摇头，叶连明的父亲拉住我们讲了起来，这是一位清瘦的老人，牙齿都快掉光了，漏着风，他操着含混不清的口音表达了这样几个意思。第一，叶连明是个孝顺的孩子，他自从娶了席翠翠，对席翠翠一家人都担负起了一个女婿应负的责任，每个月给岳母卢淑兰送米送油送菜，丈母娘和小舅子生病了他花钱给治病，席翠翠在他们叶家也过得好好的，生了3个娃，夭折了1个，活着的两个娃智商都好得很！叶连明是席家货真价实的女婿，也是3个智障人的实际监护人，但政府就是始终不认定叶连明是席家的第一监护人，这件事不公道！第二，叶连明为了给席正良打官司是出了大力，下了大本的，虽然最终法定的监护人不是他，是席正良的妹妹，可打官司花钱的事全是叶连明来管。为了支付打官司的费用，他们家卖了3头牛，差不多是把家里能卖的值钱货全卖光了！但最终官司打下来后，赔偿的金额政府却不一次性给他们，要分期付款，这让他们不能理解！第三，自从席正良的赔偿款下来之后，政府就把卢淑兰的低保给停掉了，并没有跟他们商量，所以岳母卢淑兰的生活费还是他们家管，实际上他们叶家打赢官司后没有得到任何好处！

我们问叶连明："村里给卢淑兰停了低保，但为她办了五保，五保比低保保障范围更广，涵盖医疗、饮食、住宿等方方面面，你们知道吗？"叶连明无奈地说："但我岳母不去养老院哎！所以，政府给办五保有什么用？不还是我在管？生病能报销的事我不清楚。"我们又问："那你有没有找村里沟通协调呢？比如说五保户不住养老院，饭钱能不能返还一部分？比如说生病报销去哪里报销？走哪些程序？"叶连明说："没问，他们都忙哎，算了算了……"

我在想，法援费心尽力帮当事人把官司打赢了，追回了被骗的钱，考虑到当事人的利益，赔偿款由政府监管，分期支付这或许没错，问题出在与实际监护人叶连明的沟通上，叶连明是个老实疙瘩，一根筋，认死理，不懂得转弯，造成了实际的误会。

已过中午，叶连明父母要留我们吃饭，他母亲催他陪我们去附近饭店，我们感谢一家人的好意，说回镇上再吃。临行前，我从口袋里掏出200元钱给了叶连明的孩子，叶连明连连摇头，说着不能要，不能要，我们跟你们非亲非故，怎么能要你们的钱呢？叶连明的母亲举着钱，追到路口，死活不肯拿。我对她说，钱不是给你们的，是给孩子的，我们来得匆忙，没有给小孩买个礼物，这个钱算是给孩子的一点心意。好说歹说，叶连明母亲才把钱替孩子收下，千恩万谢把我们送上了车。

那天的中午饭，我们是在盱眙县城街上的小面馆吃的，孙华春太忙，因为下午还有会，所以他让法律服务所的朱冉在我们下榻的金沃大酒店等着我们。

回县城的路上，我们在杜山顶上的盘山路上迷了路，汽车进入一条岔路，走不多远被一大堆肥料堵住过不去，路窄不能掉头，只好倒车。回到县城看看表已经是下午1点多钟，街对面是一排饭店，许多饭店都已休息，只有一家不大的面馆还在开张，因为还要赶去泗洪，朱冉就带我和小胥在街对面的那家面馆每人要了一碗面条，朱冉特地叫老板炒两个菜给我们送行。

去泗洪的路上，小胥感慨万千，她说，没想到革命老区还有这么穷的地方，这么穷的人家。我说，叶连明家再穷，还有拖拉机、三轮车，一院子的玉米和一大群鸡鸭鹅等，起码吃穿不用愁。真正困难的是他的岳母卢淑兰，因病致穷，丈夫、儿子都死了，孤身一人，精神又不正常。虽然村里为她办了五保，因她精神不正常，不愿蹲五保，如果叶连明再不管她，她的生活真的是成问题。当初，孙华春不肯将赔偿款一次性支付给叶连明，就是从卢淑兰的实际情况考虑。然而现实情况是，这笔钱总有用完的时候，到时候卢淑兰又该如何度过晚年？而在农村像她一样的孤寡老人并不是个例。

我老家在山东青州农村，我告诉小胥几个现实中的真实故事。我村上一位老人，儿女双全，老人生病卧床后，生活不能自理，弄得浑身都是屎尿，遭儿媳妇嫌弃，每顿把一个馒头往她床头一放便不再管她，随她怎么吃。她咽气时是夏天，蚊蝇满屋飞……

某小区一位81岁老人垂老暮年，预感到自己将离开世界，遂写下遗书：我于昨晚去世，走时心如止水。生前这位老太太育有儿女，她预想到死亡第二天就会有人来，因为儿子就住在马路对面，她不知，她死后两个多月才被邻居发现。这世上有一种悲剧，是马路这边的亲人死亡，马路那边的子女还毫不知情……

何况卢淑兰是一位精神不正常的孤寡老人呢！叶连明能够每半月去给傻岳母送一趟米面，人情味也算不错了。

小胥后来回到南京写了一篇随想，她写道：

从杜山村回到城市中心，入夜，眼前高楼如林，人流如织，街道宽广，灯火辉煌。宴厅上觥筹交错，大家既谈古论今，又调侃江湖，高高的水晶杯，散发着醇香的红酒，穿透屋顶的笑声，星眼迷离的醉态……

在酒杯的倒影中，我忽然看到了在杜山村见到的泥路、裂墙、阴暗的小黑屋、鼻涕抹满袖子的小孩、冷风中瑟瑟发抖的大娘。心像突然被扎了一下，刺痛。

我不知不觉放下了筷子，满桌美味佳肴仿佛索然无味了。我听着大家席间的抒怀与牢骚，有官场中人烦恼人际与升迁，有商场营业员烦恼营收与利润；有市民烦恼几个楼盘的摇号没摇上，几百万的资金闲置在卡里花不出去；有主妇的烦恼孩子考试没考好，作业没写好；还有人拆迁领了几百万的补偿款，分了三四套房，还不满意……

或许，"身在福中不知福"已经成为太多城市人的常见症状了。很少有人觉得自己"身在福中"，因为我们的情绪太经常被一些小小的挫折打败，被一些随时出现的"不顺心"而搅乱。许许多多的人，养得脑肥体胖，却总沉浸在一种怨恨难平的心境中，横眉冷对万千事，几乎没有在意过自己的"幸福"到底在哪里……

能看得出来，叶连明一家是中国乡村中最质朴淳厚的农民，他们善良、勤劳，世世代代守护在家门口那一方土地上。在过去农业占主导地位的农耕社会中，这样男耕女织、鸡犬相闻，邻里和睦的生活方式，是《桃花源记》里人们最最向往的乐园，然而这样的生活节奏与生活方式却远离了中国现代化高歌猛进的时代节奏，而叶连明依然坚守着这种生活方式与思维方式，他们的淳朴让你感叹，他们的愚昧也同样让你感慨不已。而在中国，仍有许许多多像他们一样的农民家庭。

为生存而挣扎的苦才是真的苦。不用为生存而烦恼的人，都是幸福之人。

第八章

老百姓的口碑

王霞林理事长一直关注着席正良的案子，在江苏电视台举办的"公平与正义——农民工法律援助晚会"上，晚会特地邀请孙华春到了现场。

　　我和孙华春就是在那次法援基金会的电视晚会上认识的，后来才有了我和小胥的盱眙之行。

　　谈起席正良案，孙华春说："用心办好每一个案子是法援人的责任，因为一个好案子可以促进司法体制改革，比如席正良案，对中国司法体系的跨区域办案就是一种促进，如果针对这种跨区域的案子设置联合法庭，就不会出现一些信息不对等而导致的审查疏忽，智障人赔偿款被骗的事件也许就不会发生。"

　　2007年，孙华春也曾办过一件跨省的案件——"6·18"交通事故案。

　　那年6月18日，在盱眙县境内发生了一起事故，一辆渣土车在与运输船交接上船时不慎掉进了淮河，死了3个人。在这起案件中，渣土车是安徽的，船是江苏的，死者两个安徽人，一个江苏人。死者的老乡为讨说法聚集了100多人浩浩荡荡地奔向盱眙，如果处理不当必将酿成群体性案件！此案惊动了淮河管委会和淮安市水利局，孙华春受命参与了这个案子的处理，接受了死者家属的法律援助委托。在办理过程中，他发现江苏的涉事船只价值10万元左右，这条船的船主一年的收入也不足以支付3位死者的赔偿款项。经了解，3个死者家庭都是贫困户，孙华春建议启动政府救济途径，先由政府垫资赔付，把矛盾化解掉，然后由政府向船主追索。政府最终采纳了这个建议，先行垫付90万元，解决了死者的赔偿问题。

　　孙华春说："既然是法律援助，就要多途径、多渠道。"

　　张国权交通赔偿案是孙华春办的又一件跨省案件。

张国权，盱眙县铁佛镇河洪村人，在盱眙工业园区做工。2012年6月10日，张国权骑一辆摩托车载着母亲到盱眙中医院看病，路过淮河镇派出所旁边的一个小桥时，遇到一辆由东向西行驶的卡车想超车，卡车逆行驶入道路左侧与相对方向正常行驶的张国权的摩托车发生相撞，造成两车损坏，张国权和他的母亲于雪林均受重伤。张国权左腿截肢、脑部受到创伤、左臂骨折，经鉴定构成五级伤残；于雪林左脚、左右手等均受严重损伤，经鉴定构成十级伤残。该起事故经盱眙县公安局交警大队调查后认定由卡车司机马金龙负全部责任。事故发生以后，张国权昏迷了七八天，期间，他的家人到司法局法律援助中心申请法律援助。

张国权的官司在办理过程中难度很大，前后打了3年多时间，难点主要在落实责任主体上，就是谁来赔这个钱！

出事后驾驶员马金龙逃逸了，找不到人，且驾驶员不是车主。肇事车辆挂靠在山东菏泽第一货运公司。保险公司保险额度较低，保险费只有50万元，车子价值10万元，加之菏泽第一货运公司不想承担责任，为了逃避赔偿责任多次变更法律对应主体等，过程一波三折。盱眙法援中心和承办律师通过3年又2个月的斗智斗勇，奔波4000多公里，终于为张国权和母亲于雪林讨回了公道。

张国权和母亲两人获得赔偿金额151万元，远超张国权的预期。事后，办案的两位律师又建议左腿截肢的张国权买了残疾人车，以解决后半生的生活问题……

采访张国权没费多少周折，因为案件过后，孙华春同张国权成了朋友。

张国权住在盱眙铁佛镇，出发前，孙华春给张国权打了一个电话，问他在哪里，张国权说在镇上。孙华春对他说，有两位作家想去跟你聊一聊，一会儿就到。张国权很爽快地答应了。随后，孙华春发来张国权的微信名片。

盱眙县城通往铁佛镇的县道很好走，27公里后，我们就到了这个以境内铁佛寺得名的铁佛镇。

那天，天气特别冷。整个镇子的状态都冷飕飕的，大多数沿街的房子都没有铺设外立面装饰，裸露着光秃秃的水泥，有些涂了墙漆的房子看起来也有了年岁，漆面大面积脱落，看上去十分斑驳，几排沿街的房子，有人做着坚果、服装等各种小生意，门口顾客零落，铁佛镇小学就在那些沿街的商铺中间，规模不是很大，一个操场对着大门，里面的孩子来自周边的村落。从整个镇容镇貌看起来比一般的镇子要破旧、穷困。

我给张国权打电话，他说马上开车过来，是一辆白色的阳光轿车，让我们在路口稍等一下。在等车的空当，我发现旁边有农民拉着一大车小橘子在售卖，1元5角一斤，我递给他10元钱，竟然给我们装了满满一大塑料袋！橘皮很薄，入口甘甜。我对小胥说："这一袋甜橘子，在南京城里买，至少30元呢！"

正说话间，一辆白色的小轿车驶了过来停在路口，从车里艰难地挪出了一个人，在四处张望着。我们一看，从车上下来的人跛着一条腿，是张国权无疑！我们赶紧冲他招手，他也向我们挥手，然后又钻进了车里，示意我们跟他走。原来张国权的家并不在镇上，而是在镇西北边的河洪村。我们跟着他的车在乡间的土路上跳跃着，不一会来到了一个村庄，这个村子看上去更加穷困，竟然有不少土坯房，房顶上面盖着茅草。街面上村民极少，偶尔看到一两个出门的，也是头发花白的老人。

张国权家在村子后面一条街上，靠路边不远，隔着两三户人家。一扇生锈的红色铁门后是个不大的小院，院子地面是土垫的，没有铺砖，更没水泥，几根铁丝交缠在一起的晾衣绳上，晾晒着被褥和衣物。院子东侧是厨房和杂物间，东西全是很原始的模样，土灶、木质农具等等。

张国权的爸爸妈妈从正屋迎了出来，热情地喊我们到屋里坐。进屋后，发现这是3间平房，正对着门的一面墙贴了几张廉价的年画，屋子里没有任何取暖设备，连烧煤的铁炉都没有。风很凛冽，通过洞开的房门向家里猛灌进来，堂屋像个冰窖，坐在屋里唯一一张小木桌旁边，可以听到耳边呜呜地风鸣。一辆手扶式拖拉机竟然堂而皇之地摆在堂屋内，紧靠着拖拉机的是一个两开门冰箱，我想这可能是他们家最值钱的两件东西，拖拉机应该是怕在外面损坏了所以放到屋里保护着吧。堂屋里铺着一张草席，草席上一位大婶正在缝补着一床旧棉花被，或许是夜晚太冷时他们用来加盖的吧！

虽然风很冷，但屋内毕竟比屋外暖和些，我们还是试着坐了下来，拿出了本子和笔。那个大婶还在地上用针线缝着棉被，张国权则和他的父亲围过来靠我们坐在一起，他的母亲拿一个小板凳靠近门边坐着。这时，我近距离地观察张国权的母亲，一个头发半白，高高壮壮的老妇人，看得出她身体健壮的时候应该可以撑起家里一大半农活，可现在一只眼睛已经没有了，一只脚也不见了，脸上和腿上都留着骇人的疤痕。

小胥打开了录音笔。

张国权打开了话匣子。

我是1980年生人，父亲叫张德兵，母亲叫于雪林，我们这个村是河洪村第8组。

我们一家人在村里住了几辈子了，都是本本分分的农民，家里人都是以务农为生。我中学毕业后在建筑队上做了几年活，学会了水电活，也在盱眙县城的装修工地上接点水电工的私活。没出事前，家里虽然穷，但挺和睦的，生活过得还算舒心。

2012年这一年我们家就好像走了霉运一样。首先是爸爸出事了，就在那年4月底，爸爸接了镇上一个电话，说让他去帮忙卸木头，卸一天，给50块工钱。我爸想闲着也是闲着，就一口答应了。没想到，上午卸货时一根大圆木从车上滚了下来，我爸爸恰好在车下面，砸到了他的脚上，那个疼啊！对方听说砸到脚了，过来看了看，还能动，说没事儿，我给你点云南白药、跌打丸，回去抹抹，过几天就好了。我爸老实，拿了药就回去了，结果抹了药也不管用，越疼越厉害，还肿了起来，这才到医院检查，说是脚骨破裂，买药、检查、挂消炎水，花了上千元。我爸就又去找那家老板，老板不认账了，到镇上找司法所调解，也没有解决这件事。就因为这个事，我一直很后悔，只怨我自己那天不在镇上，要是有我在，当时肯定跟他们没完！后来事情也没个解决，光生气，我爸就说算了，慢慢养吧。你们问我为啥不通过法律解决，关键那时候也不懂法呀，讲来讲去还是怪我们老实啥法也不懂，要搁现在我就不依他了！

张国权说着说着激动起来，他父亲在一旁插言说："咱农民哎，文化低，懂个啥呢？"

我父亲的事还没了，5月份我7岁的儿子又出事了。那天，他在学校玩单杠，掉下来摔断了膀子，幸好之前在学校入了一个意外保险，保险公司赔了2000多元，也没做任何手术，就在盱眙中医院固定了一下，打了石膏。好在小孩子身体长得快，慢慢就恢复了。

万万没想到6月10日我和我妈就出了事，50天之内，一家4口人都出事了，你说这事情怎么会这样？

我和我妈出事前几天，我妈觉得脖子痒，对着镜子看了看，一片一片的蜕皮，不知道得了什么皮肤病。她跟村里人说，村里人看了就说是牛皮癣，得治。治病不能耽误啊，镇上医疗条件不行，我就想着，带我妈到盱眙中医院去看看。

我家那时候没有车，但我有驾驶证，就跟邻居借了一辆摩托车。这样也怕被交警查，就跟我妈都戴了头盔，幸亏都戴了头盔啊，要不然真没命了！6月10日早晨8点左右，我们骑着摩托车来到了淮河派出所附近，经过一个小桥时，遇到一辆卡车由东向西行驶想超车，我们正好跟他对着开，躲避不及，就被撞了！我当时脑子一昏就不省人事了，醒来的时候已经躺在医院里了，听说有好心人翻出我的手机打了120，还给我的家里人打了电话。救护车把我们送到了医院，我也不知道这个打电话的恩人是谁。等我醒来发现我的一条腿已经不听使唤了！我和我妈都受了重伤，当时感觉整个天都塌下来了！

说到此处，张国权的声音中有些沉重，他低下头，停止了诉说。

望着他那条空荡荡的左腿，我脑海中顿时翻腾起一些画面，一个32岁的青春小伙，一个已为人父的父亲，家中的顶梁柱，突然祸从天降，失去一条腿，可以想见他心理上的沉重压力，正常人确实难以面对。

张国权继续着他的诉说。

我想到了死，一死百了！但我不能死，因为我母亲就躺在我旁边的病床上，手脚受了重伤，还瞎了一只眼，家中还有年迈的父亲，还有妻子和7岁儿子，这个家不能没有我呀！人这辈子生比死难，特别是面对灾难时，活下去需要勇气！

我们在医院前前后后花了20多万元！20万对我们一个贫困的农民家庭来说是个天文数字啊，除了保险公司9万多元的救助基金，我们自己家多年攒的3万多块钱也全花进去了，还连累了我的妹妹，她本来在宜兴打工，知道我和我妈出事后请假回来照顾了我们3个月，她把自己这些年打工赚的钱全拿了出来。一下子全家人的全部家底都搭进去了，干干净净，而且落得两个残疾人。一家人的生活一下子就没了指望！往后怎么办？

妹妹安慰我，哥，人活着就好！活着就有希望！

夜深人静，我躺在病床上望着那条断腿，就想：我的希望在哪儿呢？

听说出事后肇事司机逃逸了，丢下一台货车值不了几个钱，看来也是一个可怜的家庭，肇事者又拿什么赔偿我们呢？

那些天，几个亲戚聚在一起商量，怎样才能拿到赔偿款，都是乡下人，什么都不懂，商量来商量去，只有打官司。可是官司怎么打？谁也没打过，都说打官司这个事情得找律师。

一打听，请律师要花钱，治病把钱都花光了，打官司的钱从哪儿来？一家人急得不得了。正在为难的时候，我的一个表哥出了个主意，他说他有一个远房亲戚在盱眙司法局工作，虽然不知道司法局是干啥的，但肯定跟法律沾点边，要不咨询咨询他呗，说不定人家有办法帮忙联系到一个好点的律师呢！就这样七拐八绕找到了司法局法律援助中心的孙华春。说实话我们之前都不知道法律援助是做啥的，见了孙华春把我们的事情一说，孙主任说，你们这个情况符合法律援助条件，法律援助可以免费帮你们打官司！

听说打官司免费，全家人一颗悬着的心落了地，国家还有法律援助这么个好政策呀，免费帮我们穷人打官司呢！全家人都感到有了指望。

说到法律援助，这个朴实的农村妇女脸上顿时有了光彩。就这样，法律援助使陷入绝望中的一家人看到了生活的希望！

在张国权家，他也谈到拿到赔款时的心情，他说：

最初我对这个官司并没有多少信心，能赔多少钱也没有底，我听说对方的车保险是60多万，我想着，如果能把这些钱都拿到也就可以了。没想到，法律援助中心还能主动帮我争取更高的赔偿金额。

这个官司跨省，的确挺难打的，反反复复打了两年多，因为我身体行动不便，每次开庭、取证什么的律师都不用我出面，能办的他们都主动代替我去办了。每次有什么进展，律师都到家里来跟我商量，我真的是很感动，感谢法律援助，为我们做了这么多事啊！这个案子中间出过不少岔子，曾经撤案一次，案卷有过变动，每次开庭时，对方辩护律师都不一样。我们的律师感觉很奇怪，往山东跑了好几次调查取证，才了解到这个公司为了推脱责任，前前后后更名，换了11个皮包公司，最后我们跟总公司打官司，才打赢了。

官司快打完的时候，律师给我打过电话，说他们将补偿款谈到110万，问我可不可以，我一听高兴坏了，因为本来我觉得也就六七十万，赶紧说当然可以啊，差不多了！我没想到的是，法援中心打赢官司后，打电话告诉我到盱眙去领钱，先到法院开了一张支票，然后到江苏银行去取钱。我拿到支票，一看上面的数字，一下子就呆了，竟然是151万！这笔钱对我们这样的农民来说就是一笔巨款啊！以前我们家最有钱的时候账上也没超过10万啊！

我没想到法律援助中心的律师还会继续帮我争取了这么多！比原来说的又多了40多万！我当时脑子嗡的一下炸开了，激动得不知道做什么好！

张国权接着刚才的话茬往下说。

拿到钱后，孙华春对我说，要规划好今后的生活，防止因病返贫。后来和父母商量，我拿了这笔钱，到我们镇上买了一套门面房，加上装修一共花了20万左右，这样将来就是自己不做生意，还可以收些房租。起先，我买了一个电瓶车，后来听说残疾人可以考驾照，就去学了一个驾照，买了现在这辆车，这样我在镇上开开出租车，一个月也能赚千把块钱。我还想着进点茶叶，在门头上做做卖茶叶的生意。家里还有七八亩地，我这个身体状况是不能种地了，很想把这些地都包出去。还剩下那些钱，我存在银行，存着给我的儿子买房结婚娶媳妇呢，再说，自己和父母也要养老啊，这些拿命换来的血汗钱得守好，不能糟蹋了！

张国权说得满脸放光，一脸幸福的模样。最后他说："要是没有法律援助，我真不知道今后我们家怎么生活！"

离开张家时，我把在街头买的那袋橘子留给张国权的父母，两位老人很感激，要翻找东西送给我们，可院里只有几口袋玉米，老人只好作罢。

两位老人一直把我们送出院门外，又目送我们到村口，寒风瑟瑟，望着这质朴的一家人，我的心头顿生暖意。

那晚回到县城，晚饭后在下榻的宾馆我们同孙华春谈起了张国权案，孙华春陷入了回忆：

张国权的案子是盱眙司法局每年援助的上千件案件中的一件，这样的交通肇事案件案情并不复杂，按理说，只要按照正常交通事故案开庭，打赢是没有问题的，问题的关键是打赢官司能不能拿到钱！

没想到的是，这件并不复杂的官司打了将近3年才结案，期间一波三折。问题出在哪里呢？就是被告人为了逃避赔偿责任，不断变换主体。

打官司一些证据的细节问题很重要，如果不重视，会给官司的输赢带来一些麻烦。比如我在查看张国权案件卷宗的时候，就发现被告台账资料上的印章模糊，与授权委托书不太一致，我不放心，开庭时就去旁听席旁听。一般来说，这样简单的交通案件派法援律师出庭就够了。开庭现场，对方的一个经理和两个律师都来了，3个人感觉态度轻松，一脸无所谓的样子。在休庭时我去了趟洗手间，没想到对方的律师也在里面。因为我不是出庭的法援律师，所以他们不认识我，不知道我是律师，也不知道我是法援中心主任，所以就自顾自地闲聊。只听到对方那两个律师说："他们爱怎么办怎么办，随他去吧，反正就这么回事儿了。"我忽然想到那个模糊的印章，对这个案件产生了怀疑！

第一次开庭过后，我要求我们的法援律师赶紧去山东进行核查，发现问题果然很严重！那个肇事汽车挂靠的公司在短时间内前后变更了好多次名字。这里面就涉及一个问题，我们打官司对应的法律主体只能是一个，打官司的名字是原来的公司，但现在公司法人、地址和名称都变了，这意味着对方在有意逃避责任。官司若按照原来的思路打下去，打死了也只能找原来的公司要钱，可原来的公司没了，你赢了官司找谁要钱去？他们这是在恶意逃避责任，把案子带进了死胡同！我想，如果这官司放在山东打就赢不了，就算打赢了也拿不到钱。所以，我们回来就商量对策，案子要改变打法，肇事汽车挂靠的公司是个分公司，上面还有总公司，我们就想告总公司，就像挂靠的出租车一样，出租车出现问题，就要找总公司。

幸亏我们发现早，沟通及时，再迅速去山东核查，不然这个案子没有这个结果。官司幸亏是在江苏打的，我们及时跟法官做了沟通，很快通过了追加总公司为被告的申请，让总公司承担连带责任，最后是总公司把这个钱给赔了。

回头想来这个案子还是有点小惊险，也有些小戏剧性、疑点竟然是在厕所里发现的，其实受害人张国权不太懂法律，对赔偿的要求也不高，他最早的期待是能赔80万—90万，后来说打不下来能拿到60万—70万也行。但我们作为专业的法律人肯定按照法律法规帮他争取最到位的补偿。按照我们的核算，赔偿总数额接近200万，因为受害人是张国权和他的母亲两个人，对方公司本来说残疾人器具等款是可以分期给受害人的，但我们担心几年以后这个公司还在不在，真是很难讲，所以就要求一次性到位，经历了艰难的谈判，我们也做了一些让步，最终赔偿到151万。

张国权拿到这个钱后对我们感激涕零，差点要给我们下跪。其实，我们并不是要老百姓感谢，我们全力为老百姓争取应得利益，设身处地为他规划生活，是要让这个家庭不会因为一场事故而返贫。

盱眙法律援助中心一年至少办一千多件法援案子，最多的一年办了两千多件，当事人越来越多，认识我的老百姓也越来越多。有时候走在街上，有人跟我打招呼，我都想不起他们是谁了，有时候去菜场买菜，不知什么人就会送我两根玉米、几个山芋，我跟他说感谢，但总想不起来这是在哪个案子中认识的。

俗话说，金杯银杯不如老百姓的口碑，老百姓满意，就是对我们工作的最高奖赏。

在基金会法律援助电视晚会的现场，王霞林给孙华春颁奖时说："你给我们法援志愿者争了光！"接受媒体采访时，孙华春说："在百姓的一个微笑、一声感谢、一句称赞中，我找到了法援人的荣耀。这些点点滴滴的互动与百姓发自内心的感激，会支撑我们在法律援助事业中走得更远。"

第九章

天地之间有杆秤

泗洪县法律援助中心的杨耕是又一个孙华春，心中装着老百姓的嘱托，一帮到底。

在南京城南双塘路一个小巷内，几经周折我们找到了来自泗洪农村的孙泽启夫妇，夫妻俩在南京经营着一家快递公司。我们去时，夫妻俩正在店里忙着，问起杨耕的事，妻子王璠赶忙放下手中的活，"你说杨主任啊，好人，好人啊！"

2013年3月，孙泽启从打工的一个高架桥工地上摔下来了，从14米高空，掉到桥下的烂泥浆里去了，摔断了4根肋骨。孙泽启说："好险，要是摔在硬地上，早摔死了。"

他在医院做了2次手术，手术费花去6万多元，腰上打钢板又花去2万多元。第二次手术后，上午拆线，下午就给送回了家。妻子王璠说："总公司老板和工程承包老板互相推诿，去要钱，老板就讲，你去起诉我，法院判100万，我给你100万。可是我们到哪儿去跟他打官司呢？什么都不懂，求告无门。"

孙泽启骑三轮要去给客户送货，王璠给我们倒杯水，继续往下说："正巧那一次法律援助下乡宣传，在村委会，离我们住的地方有一两里路。我听说了就骑个自行车带我女儿去了。他们站起来收拾摊子准备走时，我赶上了。那天杨主任在，我把情况跟他说了。杨主任给我留了地址电话，说，你这事我们能管，方便时你到城里去找我。回家我就跟老公讲，老公不相信，说咱跟人家没亲没故的，他能帮咱？我就说，你去试试呗！后来，我们就到城里去找杨主任。杨主任叫我去镇上开个收入证明来，镇上不给开，杨主任打电话到镇上，才给开了。从那以后，都是杨主任带着律师去无锡帮我们打官司，没叫我们去。他说去了还要花钱。替我们办吧。没想到后来真的帮我们打赢了官司。"

孙泽启的官司打了近两年。两年中杨耕一直盯着。

杨耕是军人出身，一米八的个子，见面笑呵呵，一副热心肠。

帮孙泽启打这场官司，杨耕带上律师刘斌坐大巴车去无锡来回跑了4趟，差旅费花去5000多元，省法律援助基金会最后给的办案补助费是5000元。正好一分钱没剩，还贴上了饭钱。

律师刘斌在江苏品维律师事务所执业，和杨耕对脾气，贴钱帮人打官司，图的是一声谢。他1970年生人，家住泗洪草庙乡，村旁边就是朱家岗烈士陵园，父亲是乡村教师，从小教他与人为善。

他原本学的专业是机械，工作后参加法律自学考试，边工作边自考，2年拿下15门课程。问他为什么要学法律？他说："家里人被人打了，没有说理的地方，双方比谁的拳头硬，打输了住院，打赢了坐牢！"他觉得要改变这种状况，所以下决心自学法律，要改变农村这种不懂法的现象。

刘斌也说："帮孙泽启办这个案子，没要他跑一趟，我们对他说，好好打你的工，挣钱养家，官司我们替你打！"

起先是仲裁，孙泽启出事的公司在无锡，无锡仲裁委调解到24万元，孙泽启同意了，对方工作人员请示公司老板，公司老板不同意。仲裁委说："你们打官司吧，我给你们出证明。"刘斌说："仲裁委的老曹是无锡本地人，年龄也不小了，快退休了，但他没有偏袒对方。"

法院开庭时，公司派几个员工找到刘斌恐吓："你们在法庭上要注意，不要太死板，太认真，太过分，否则出了法院门，让你们走不出锡山地界！"

刘斌笑说："我快50了，不是吓大的！"

公司副总又将刘斌拉到一边，塞给他一个红包，对他说："你打这个官司又没什么钱，起那么大劲干什么呢？你马虎一点，我们不会亏待你！"

刘斌对公司副总说："你到孙泽启家看看就不会这样做了，3间破瓦房，墙倒屋漏，破烂不堪，院里没人收拾，茅草丛生，因为要生活，要养家糊口，孩子要上学，带伤在外打工。我能拿你这个钱？"

二审进行得很顺利，公司害怕被列入信用黑名单，同意赔偿 30 万。

孙泽启的妻子王璠说："官司打了快两年，时间拖得长，心里没底，说给亲戚朋友听，大家直摇头，说，人家凭什么无缘无故帮你？可我们没办法，只有靠法律援助。"

孙泽启夫妇是半路夫妻，两人都是二婚。

妻子王璠说："他以前不顾家，天天在外面跟人喝酒，他老婆一生气喝农药死了。我前夫和他一样，在外面喝酒打麻将，我们没少吵架。小孩 8 岁的时候，要上学没钱买书包，他在麻将桌上不下来，我一生气跑回了娘家，姐姐说，你这次就别回去了！可是我舍不得孩子，想孩子，就又回去了。一进家门，他说，没叫你回来你回来干吗？我一听，气得又跑回了娘家，再也没回去！"

"你找孙泽启，他不也是喝酒吗？"我们笑着问。

"他不一样。"王璠说，"他老婆喝了农药，他后悔死了，从此戒了酒。介绍认识后，他对我说实话，我欠人家好些钱，跟我你要吃苦，你要不愿跟我，我不怪你。我说，你只要不喝酒，不打麻将，肯吃苦，我就和你结婚，欠账慢慢还呗！就这样两人走到了一起。没想到，结婚后倒霉事一桩接一桩，先是他老父亲去世，后来他又摔伤，我是顾了老的顾小的，一直没消停。若不是遇上法律援助，或许这辈子也翻不了身。"

杨耕说："官司急不起来，前后开了 3 次庭，中间，孙泽启有些泄气，我说，你尽管在外打你的工，我保证帮你把官司打到底！2016 年年底，快过年的时候，官司打下来了，对方赔了 30.6 万元。"

王璠说："30 多万啊，靠我俩打工才挣多点儿钱？孙泽启腰不好，老板照顾他，不让他送大货。小件送一件 1 元钱，一个月能拿到 5000

元，我 2000 元。一年累死累活八九万块钱，还要吃饭，交房租，'双十一'时就在店里睡，趴在货上眯一会儿就起来理货。一天下来整五六车货。我女儿还小，就在货上爬来爬去……"

说起辛酸往事，王璠泪眼婆娑。

她用袖子抹抹眼泪，说："世上还是好人多啊，那杨主任是真心替咱老百姓办事！"

真心替老百姓办事，老百姓会记着你！

后来去常州金坛市，见到法律援助中心主任张宗云，这位做了 11 年法律援助的"老司法"说："但凡来法援中心寻求帮助的群众，大多是走投无路的，所以，我们不能做甩手掌柜，群众对我们的信任就是对法援事业的信任。法援中心就是给困难群众送温暖的地方，群众的难处，你能办就尽量去办，不能办的要解释清楚，要把最大的方便让给来访者。我每天接待人数都不少于 10 人，平时也没什么礼拜六、礼拜天的，只要群众有事，我都来。我办案这么多年了，还从来没有一个群众因为我的工作态度问题跟我吵过嘴。"

局长朱珍娣讲："张主任骑个电瓶车，一个村一个村跑，去插法律援助的宣传牌，全县插了 300 多块，方便群众来找。金坛律师对他有意见，案件都到张主任那儿去了！"

张宗云就笑："我这是免费援助，你收钱哪！"

第十章

生命不同价？

"人生而自由，但却无往不在枷锁之中"。这是法国思想家卢梭写在《社会契约论》开头的一句话。

生而自由，生而平等，无疑是一种期望或是一种理想，理想回归现实时，却发现理想和现实之间总是隔着一段距离。

2013年12月20日，王霞林受邀参加中国法律援助基金会组织召开的全国法律援助基金会联谊研讨会，地点在云南昆明，颜乾虎、刘有才同行。会上，王霞林在介绍江苏省法律援助基金会工作情况时，特地介绍了安徽籍农民工赵某夫妇交通事故死亡赔偿案，因为这个案件在援助中发生了观念的分歧：生命是否同价？

在介绍这个案件之前，王霞林先对近两年江苏省法援基金会资助的案件进行了分析研究，他说，发现总体上有三方面的新情况、新特点：一是讨薪案件的情况令人担忧，讨薪数额从几万、几十万到几百万、上千万，讨薪人数从几人、几十人到现在成百上千人的群体性讨薪，不少案件是企业不景气或老板弃厂逃跑所致。讨薪案件的欠薪时间大多有所缩短，在讨薪的同时往往还会追讨加班费与经济补偿等，说明劳动者的权益意识正在逐步增强。二是工伤事故趋向恶化，解决难度大，不少求援人不但得不到赔偿，连基本的医疗费都没有保障，甚至会被解除劳动关系一脚踢开。前几年的案件中，工伤事故多为九级、十级伤残，近年来三级以上伤残有增多趋势，甚至有好几个成了植物人，值得引起高度重视。三是交通事故仍然频发，而且多发生于繁华路段，造成的伤亡越来越严重，往往使受援人整个家庭大厦忽倾，陷入困境。

而后，他重点讲述了赵某夫妇交通事故死亡赔偿案。

事发2009年5月19日，那天晚间22时20分，赵某夫妇骑一辆摩托车沿205国道由南向北行驶到南京市雨花台区板桥法庭门口，等候转弯过马路。这时后面驶来一辆桑塔纳轿车，一下子把摩托车上的赵某夫妇撞飞。当两人跌落马路对面时，又被行驶过来的一辆挂车当场碾轧而死……

正是人有旦夕祸福。

车祸中不幸丧生的赵某夫妇，告别了年迈的父母，丢下了年幼的儿子。他们从安徽农村来南京打工，在板桥地区一家农贸市场做豆芽生意。他们租用了一间非常简陋的平房，每天起早贪黑地干着这活重利薄的小本买卖。经过多年辛劳，生意有了一点起色。

前些天，他们刚把儿子接来南京过生日，一家三口其乐融融。出事的那天晚上，儿子要吃西瓜，儿子在老家农村读书，平时由爷爷奶奶照看，一年难得见到儿子，因而，夫妇俩赶紧骑着摩托车去买，可这一去就再也没能回来。

就在事故发生前一天，夫妇俩还高兴地打电话安慰农村的父母："爸、妈，这两年，我们积攒下了几千块钱，咱家的房子西墙不是坍塌了吗，太危险了，过年时回去就把坍塌的房子修一修，你们放心吧！等以后再赚些钱，咱就盖新房！"可是，谁又能想到，他们给年迈的父母许下的愿望还没有来得及实现，就被无情的车祸夺去了鲜活的生命。

在医院，年仅14岁的儿子哭成了泪人："爸、妈，是我害了你们啊，我要不吃西瓜就好了！"

年迈的父母从安徽农村赶了来，白发人送黑发人，两个老人佝偻着腰，布满沧桑的脸上泪水涟涟，哭得肝肠寸断。他们无法面对这样的现实，活生生的人怎么一下子就走了？儿子儿媳是家里的顶梁柱啊，顶梁柱倒了，孙子还要上学，今后这日子可怎么过？

和赵某夫妇一同在南京打工的同乡告诉两位老人，人死不能复生，当下之急是要处理好后事，给儿子儿媳一个交代。两位老人想想也是，哭不是办法，可两位老人都没文化，怎么来打这交通官司呢？

同乡告诉两位老人，南京市雨花台区安德门劳务市场里有一个法律援助的工作站，专门帮助农民工打官司。听到这个消息，两个老人心中顿时充满希望，他们要去法律援助的工作站寻求帮助，为儿子儿媳讨个说法。

　　2009年6月15日早晨，雨花台区法律援助中心主任汪晨和往常一样，早早来到办公室上班。他刚坐下，一对佝偻着腰的老人，满脸悲伤，带着一个少年步履蹒跚地走了进来，见到汪晨，一句话没说，扑通一声，一下子就跪倒在他面前。

　　汪晨一下子被惊到了，他从前遇到过下跪求助的人，但面对白发苍苍、年事已高的长者向他下跪这还是第一次。他连忙起身去挽扶老人，"老人家，快起来，快起来！有什么事起来慢慢说！"他把两位老人挽扶到椅子上，又端来热茶，放在老人面前，询问他们到底发生了什么事情。

　　老人不善于用语言表达自己的诉求，只是一个劲地哭，不停地重复着"你是好人，你做做好事，快帮帮我们吧……"

　　老人正是赵某的父母，那个少年是他正在上初中的儿子。

　　汪主任耐心地听两位老人和孩子断断续续地讲完了他们的遭遇。在核实了他们的身份后，没有多想，立即为他们办理了法律援助申请手续。并随即指派江苏丰亚律师事务所的李宇明律师，为这个突遭变故的贫穷家庭提供法律帮助。

　　办完手续已经临近中午，汪主任买来了盒饭给他们，两位老人手捧着盒饭，一个劲地鞠躬表示感谢："你真是大好人，我们有救了，我们有救了。"

　　李宇明律师接下案子后，立即丢下手头的其他事情，全身心地投入到该案的紧张工作之中。

他首先来到交警大队，了解交警部门对事故的认定情况。根据认定：轿车司机孙国成因疏于观察，承担事故的主要责任；挂车司机承担事故的次要责任。

紧接着，他与汪主任商议，决定立即起草法律文书，向雨花台区人民法院申请诉前财产保全，请求扣押事故车辆，防止当事人转移事故车辆，给以后赔偿款的执行造成更大困难。财产保全申请很快得到了法院的批准。

李律师和汪主任又来到肇事司机家，想通过诉前的调解尽快让死者家属获得赔偿。然而，他们从肇事者的岳母口中得知：轿车司机孙国成当晚所驾驶的车辆，是他的妻子刚刚买回的一辆二手车，还没有办理车辆保险。同时，夫妻二人都没有稳定的收入，并且还有一个未满周岁的孩子，生活也十分困难，没有赔付能力。天不遂人愿，又是一个穷困家庭，即使赢了官司，赔付也将成为难题。

此时距离 15 天的起诉期限越来越近，汪晨和李律师只好再次来到交警大队，看看有没有其他的办法。这次他们将调查的重点放到了另一肇事车辆上。几经周折，他们终于了解到，半拖挂车挂靠于安徽一家国有企业，并且在保险公司投保了交强险，在责任范围内有实际赔付能力。

得到这个消息，李宇明律师终于长舒一口气，这个案子不会白忙活了，悬着的心终于落了地。但紧接而来让人难办的却是本案的赔付标准。长期以来，依据最高人民法院的有关司法解释，城乡居民的人身损害赔偿标准是不同的。死者赵某夫妇两人户籍在安徽农村，均为农业户口，如果按照安徽农村居民标准计算，两人的赔偿总额最多 40 万元左右；如果按照南京城镇居民的标准计算，赔偿总额则可将近百万，两者相差一倍。那么，赵某夫妇的死亡赔偿金究竟应该按照何种标准来计算？

在案件援助分析会上，李宇明律师将这个棘手的问题提了出来。

生命不同价，汪晨主任将其他援助律师召集到一起，进行了严肃认真的分析讨论。

李宇明律师亮明观点：赵某夫妇虽然户籍仍在农村，但他们长期在南京从事个体经营，领取了营业执照，依法纳税，同时在南京领取了暂住证，如果仍然按照农村标准对他们进行赔偿，显然是不公平的，他们应当享受城镇居民的待遇。也就是说赵某夫妇的死亡赔偿金应该按照南京的标准来计算。

汪晨主任支持李宇明的观点，他说："因为人为的城乡二元社会结构，让本应平等的生命权，有了高贵低贱之分，这显然有悖于'法律面前人人平等'的宪法精神，又怎么能体现法律的公平与正义呢？

分析会上，大家一致同意秉承"权利平等、生命同价"的理念，抱着为无依无靠的二老一小多争取一些生活保障的想法，对赵某夫妇的死亡按照南京城镇居民标准进行赔偿。

王霞林在获悉该案有关情况后，当即组织基金会对此案进行专门研究，王霞林说，此案有重大意义，省法律援助基金会决定将此案列为重点资助案件，拨付了 1 万元的办案经费补助。

最终，李宇明律师将一份以 6 名责任人为被告，请求包括死亡赔偿金和抚养人生活费等共计 102 万元的民事赔偿诉讼状，递交到了南京市雨花台区人民法院。

法院立案庭接到诉状后，立即和承办律师取得联系，进行沟通、了解情况，对律师提出的要求减免两万多元诉讼费用的申请，很快研究并做出了予以免缴的决定。

案件随即进入了一审程序，法院抽调了最富经验的民三庭孙捷庭长审理本案。

法庭上双方律师就按何种标准进行赔偿激烈地辩论，对方说："根据最高法的司法解释，应当按照赵某夫妇户籍所在地安徽当地标准赔偿。"

李宇明律师大声说："不！应当按照南京的标准赔偿，因为赵某夫妇已经是南京新市民。"李宇明律师逐一出示了赵某夫妇的个体营业执照、依法纳税证明和南京暂住证。他说："赵某夫妇已经在南京生活了10多年，他们已经融入了南京这座城市之中，为这座城市的建设、繁荣和发展做出了自己力所能及的贡献，他们依法经营、纳税、生产生活，他们是南京的一分子，我们不能把他们排除在南京城市居民之外。还有原有的户籍制度已经成为社会发展的障碍，不合理、不平等的城乡二元结构应当被打破！"

旁听席上响起一阵热烈的掌声。

民三庭孙捷庭长细心听取了原被告双方，以及各方当事人的意见。合议庭讨论采纳了李宇明律师关于采用城镇居民标准赔偿的建议。

2009年9月15日，雨花台区人民法院作出一审判决，判决6名责任人共同赔偿死亡赔偿金、抚养金共计90万元。

被告方不服，提起上诉。12月8日，南京市中级人民法院二审维持原判。

手捧着胜诉的判决书和第一批执行到位的22万元赔偿金，两位老人此时不知是喜还是悲。父亲任凭泪水哗哗地流淌，母亲号啕大哭，不停地呼喊儿子儿媳的乳名……

此案尘埃落定，但是"案结情未了"，法律援助在延续，社会关爱在继续。

王霞林一直在关注着这起特殊的农民工案件，城乡二元结构竟然导致农民工和城镇居民的生命不同价，这是他未曾想到的新情况、新问题，而这个问题竟然已是存在已久的法律遗留问题，过去曾有案例，在同一个交通事故中丧生的两个人，因为其身份不同，赔偿数额竟截然不同，这是赤裸裸地的歧视。那夜，风清月朗，王霞林坐在银光洒落的小院内，陷入沉思，他想着要召开一次法律界的座谈会，专题研讨生命不同价的问题，以期引起法律界的关注。在此之前，他决定赴安徽和县，看望安慰赵某夫妇的父母，实地去调查真实的家庭生活状况。

这天是 2010 年 4 月 16 日，阳春四月，草长莺飞，王霞林理事长与省法律援助中心、省法律援助基金会的同志，带着慰问金和衣物等生活用品专程赶赴安徽和县，看望两位老人和孩子，并同当地有关部门领导和乡村干部共同商量，如何安排好这个苦难家庭今后的生活。

吴晶参加了那次考察，他回忆："农村的苦我想到了，可没想到那么苦。我眼前出现一幅破败的景象，西墙坍塌的旧屋静静躺在一片庄稼地里，门前的小路已被杂草湮没，家徒四壁，漏光的墙上挂着两幅年轻的遗像，面对我们的还有两位老人悲伤的眼神，和一个 14 岁孩子懵懂木然的脸……"

我曾在泗洪县峰山乡扶贫，知道农村真实的贫穷景象，塔河村内一间土墙垒起的房子，墙体已经倾斜，用一根粗木头顶着倾斜的房屋，9 岁的小女孩就蹲在锅灶前的小木桌边，推开桌上的盆、碗，在桌子的一角写作业，她没有草稿纸，把一张旧报纸的边角写得满满当当，用橡皮擦了写，写了擦。这还是相对富裕的苏北农村，而在安徽农村状况比江苏更差……无论是谁，见到这幅凄惨景象都会被震撼！

6 月 11 日下午，在吴晶的主持下，省法律援助中心、省法律援助基金会在南京联合召开"生命同价、权利平等——赵某夫妇交通事故死亡赔偿案法学专家座谈会"。省人大法制委副主任委员、省人大常委会法工委副主任、省法学会副会长刘克希，省政协常委、社法委主任吴汝信，省政府法制办副主任高建新，省高院党组成员、审判委专职委员、省民法学研究会会长谢国伟，省人民检察院民事、行政检察处副处长姚广建，南京大学法学院教授叶金强，南京师范大学法学院党委书记、省法学会民事诉讼法学研究会会长、教授李浩，江苏省社会科学院法学研究所所长、研究员陈爱蓓等专家学者应邀出席会议。省法律援助中心主任翟洁君、南京市法律援助中心主任陈宣东、雨花台区法院承办法官和区法律援助中心负责人、承办律师，以及新闻界的朋友们共 30 余人参加了会议。

会上，雨花台区法院承办该案的法官孙捷、区法律援助中心负责人汪晨介绍了案件整体情况。几位专家学者以本案为切入点，围绕二元结构下的城乡居民人身损害赔偿标准问题、赔偿金的执行问题，以及在加害方确无履行能力的情况下如何对受害人实施救助的问题、受害人死亡后的遗属供养特别是未成年子女的监护教育问题等方面各抒己见，热烈讨论，畅所欲言，形成了高度共识。

王霞林在会上做了发言。他充分肯定了雨花台区人民法院对赵某夫妇案的公正判决有着值得探讨的现实价值。他说："对赵某夫妇案的判决，跨越了城乡户籍区别、地域区别的障碍，突破了城乡居民在人身伤害赔偿标准上'同命不同价'的制度规定，显示着向公平靠近了一步。尽管是个案，但却充分体现了法律面前人人平等的法治精神。"他强调，雨花台区法院遵循宪法，与时俱进，以人为本，公正判决，体现了主审法官和法律援助工作者主持公道、"铁肩担道义"的人格魅力和无私奉献精神，反映了法官、律师的内心正义感和对生命的尊重，对事实的尊重以及良好的职业道德和法律素养，也给了"同命同价"一个较为满意的答案，从而使人民法院在人民群众中树立了公平正义的"天平"形象。

最后，王霞林理事长谈了此案的几点启示：一是破除城乡二元结构坚冰，必须以改革为动力，从解决体制和机制入手，切实解决协调发展的政策、法律问题；二是公平正义的社会，必然是一个消除排他性的开放的社会，从制度和法律层面取消排他性，应成为我们当前的政策导向；三是公平正义是构建社会主义和谐社会的题中之义，是全社会共同追求的目标；四是高度重视城乡居民死亡赔偿标准的研究，逐步建立起公正合理的城乡居民人身伤害赔偿标准；五是维护社会公平与正义，是基金会的重要使命。

那段时间，全国人大原常委会副委员长、中国关心下一代工作委员会主任顾秀莲正好来江苏视察工作，王霞林向她说起了这个案件。顾秀莲主任称赞这个案子办得很好，并一再叮嘱："要做好案件的后续工作，特别要解决好遗孤的就学问题，让他健康成长。"

9月10日，江苏省司法厅又组织省、南京市、雨花台区法律援助中心负责人，带着王霞林理事长给和县司法局王有霖局长的信，再次赴安徽省和县大蒋村看望了两位老人和孩子，与和县政府及司法、妇联等部门的同志就相关工作进行了座谈，并研究后续工作的落实。

王霞林理事长得知，在当地市县政府的关心及乡党委、村妇联的帮助下，赵家原本快要坍塌的房屋已经得到修缮，祖孙3人的生活也得到了妥善安排，感到十分欣慰。

一个车祸撞毁了一个贫困的"小家"，但法律援助却营造了一个崇尚公平与正义、充满真情与关爱的"大家"。安徽和县司法局局长专程赶来南京向基金会赠送了锦旗。

法律援助为贫弱者、为需要帮助的人们撑起了一片晴朗的天空，在这片天空之下，公平和大爱如同太阳照耀，让生命显示出它应有的光彩！

第十一章 法律的温度

离开盱眙后，我们匆匆赶赴常州，因为我们曾同热心法律援助的女律师郝秀凤约定在常州见面。

2017年11月14日，江苏省法律援助基金会举办《真情与正义——法律援助基金会10周年》报告会，她是报告会讲台上出现的唯一一位女律师，当她穿着一袭红色职业套装，迈着迅疾干练的步伐走上讲台时，仿佛一团燃烧的火苗，点燃了现场的氛围。"好有气质啊！"坐在我旁边的胥容菲轻声惊呼。

那天她在台上讲述的是发生在12年前的一个故事，那是她办理的第一件法援案件。正是这件案子使她爱上了法援这项公益事业，12年间从无间断，乐此不疲。

王霞林和基金会新任理事长周珉走上台为郝秀凤颁奖。王霞林是作为10周年报告会特邀贵宾参加的，因为他在2015年已卸任基金会第一任理事长职务，由省政协原副主席周珉接任。

故事的场景拉回到12年前。

那天，郝秀凤正在材料堆中忙碌着，律所主任走了进来，"郝律师，你能不能接一个法律援助的案子？"郝秀凤抬起头来，"什么案子？"

"盗窃案，是关于农民工的，公安侦查完毕，检察院起诉到法院，法院要开庭，需要给嫌疑人指定一个辩护律师。市法律援助中心将这个案子转到我们所，你能不能辛苦一趟？"

"噢，把材料给我吧！"

郝秀凤迅速扫了一下材料，案件很简单，一个建筑工地的工人偷了同事的12元钱和一部手机，被抓了现场，现在面临定罪量刑。嫌疑人是未成年人且请不起律师，所以法援中心指派了东晟所的法援律师出庭辩护。

郝秀凤入行3年，这是她第一次接法援案件，法援案件的当事人都是弱势群体，律师出庭辩护没有辩护费，只有法援中心少量的差旅补贴。一般的大牌律师都不愿做这种出力不拿钱的案子，但郝秀凤却认为法援律师守护的是公平，是社会的良知，金钱会亵渎良知，所以她乐意办这种案件。

法院开庭在即，她必须提前会见被告人，了解案情，好为之提供有效辩护。

距离开庭还有一周时间，她去了关押案件被告人的看守所。谁料想，这一去却触动了这位美女律师心灵深处柔软的神经。

常州市看守所位于西林街道，郝秀凤熟门熟路，办好会见手续，走进了会见室。一进门心头却是一紧，因为她看到了一张孩子的脸，是的，是个孩子！这孩子看上去十分瘦小，穿着一件军绿色的夹克，瑟瑟发抖地坐在椅子上，双手抱肩，显得十分无助。12月底的常州湿冷，然而这个孩子脚上却只穿着一双单拖鞋，双脚被冻得通红。望着孩子的一双赤脚，郝秀凤目不忍视，赶紧去望孩子的脸，孩子正抬起头怯怯地望着她。

"你是赵小春？"孩子点点头。"我是你的辩护律师，你把当时的情况对我说说吧！"

赵小春低下头，不安地搓着手，沉默半晌，开始低声讲述了那天的遭遇。

"我那天实在太饿了，几天没吃到一顿饱饭了，饿得实在不行，肚子老咕噜咕噜叫，趁同事去了工地，就拿了他口袋里的钱和手机。"

"你不是有工资吗？"

"老板说好每月1000元的工资，但每月只发一点生活费，我还要给奶奶寄钱，钱只够吃半个月，一到下半个月就只能半饥半饱。"赵小春喃喃地说着，"那天，我去向老板要钱，老板把我骂了一通，喊我滚！回到宿舍，我去向同事借，同事说没有。我觉得同事不仗义，而且也实在太饿，趁他出去了，我在他口袋里找到12元钱，就拿走了，想到工地外面小吃店买碗面条吃的。"

"怎么又拿了人家的手机？"

"他明明有钱不借给我，我有些生气，出门前看到他衣服口袋里的手机，想去押在小卖部那儿换点钱，等发了生活费再去拿回来还他的……"

赵小春不敢再看她，头垂得更低。

渐渐地，郝秀凤了解了他的身世。赵小春2岁时父母离异，母亲自此不知所终，过了两年，父亲外出打工后又音讯全无，留下年幼的小春和奶奶相依为命。小春在困苦中长到12岁，尝尽人间冷暖。那年春天，小春要离开奶奶跟着村里人外出打工，他对奶奶说要去挣钱养家。为了打工，赵小春谎报了年龄。但因为年龄太小，身板单薄，老板不愿给钱，只给少量生活费。就这样小春在颠沛流离中长到16岁，直到案发……

郝秀凤望着面前的赵小春，眼睛有些湿润，不知道该说什么好。

这时，小春突然抬起头问她："姐姐，我这样还能当兵吗？""你想当兵？""嗯！因为当兵穿军装很威武，还能吃饱饭。"小春又低下了头。郝秀凤不忍欺骗他，摇摇头，说当兵要政审，你现在这种情况已经有案底了，政审通不过了。听到这里，赵小春突然哇的一声哭了起来，哭得很伤心……他断断续续地说："我从小最大的愿望就是年龄到了去当兵的，现在我该怎么办呀？"

不知为什么，郝秀凤眼睛里也噙满了泪花，她在小春的眼神里看到了真诚与无助，作为同样是从农村走出来的孩子，她忽然意识到必须帮帮这个孩子，是啊，他还是个未成年的孩子啊！

她对赵小春说："做错了事，就要对自己的行为负责，要有勇气勇敢地面对，才能重新站起来！姐姐相信你，是一时糊涂犯了错，只要知错改错，就没有过不去的坎！"

"姐姐，我是真的想当兵的呀！"小春这时才真切感受到"一失足成千古恨"的悲哀。

从常州市看守所出来后，郝秀凤环顾四周，发现街边有家老北京鞋店，她走进去买了一双棉鞋又回到看守所，请门卫转交给小春，赵小春手捧着棉鞋，泪水止不住模糊了眼睛。

回所的路上，赵小春无助的眼神一直在郝秀凤眼前晃动，可是眼下自己能帮他做什么呢？

开庭前，她去找了办案的检察官。"这还是个孩子啊，又是初犯，且手机已经归还，没有造成损失，应当按照未成年人对待，不予起诉。"检察官无奈地告诉她，赵小春实际年龄已满 16 周岁，过了不负刑事责任的年龄。按照江苏的量刑标准，个人盗窃公私财物价值人民币一千元以上的，为"数额较大"。赵小春盗窃的是一部手机，已经超过了 1000 元，所以，赵小春应负相应的刑事责任。

她又去找了办案的法官，谈了自己的看法，赵小春刚满 16 岁，人生的路还长，如果判了实刑，将毁了他的一生啊！法官好奇地问她："你又不是当事人花钱请的律师，干吗这么上心啊？"

她说："那个孩子期望的眼神我受不了。"

法官望着她，半开玩笑半认真地说："郝律师，法不容情，你不适合当律师啊！"

"法律是冰冷的，但人是有感情的呀！我怎么能眼看着一个孩子被毁？"郝秀凤言辞恳切，"这可是关乎他的一生啊！"

法官沉思一会，说："在法律允许的范围内，我尽力吧！"

与法院沟通后，郝秀凤再一次会见赵小春，告知了庭审过程，并要求他写一份最后陈述的悔过书。

那天在法庭上，郝秀凤据理力争："我的被告人拿了同事的手机是想去抵押筹钱吃饭，等发下工资后要赎回还给同事，所以，他的行为主观上不是偷，而是借。这借也是实属无奈，因为他已经几天没吃饱饭了。"说到这里，她停顿了一下，然后语调高昂地问："他付出了劳动，为什么要剥夺他吃饭的权利？他的要求并不过分，他只是希望自己能吃一顿饱饭，我们这个社会应当让他感受到人间的温暖，何况，我的被告人对他的行为已经感到了悔恨，也付出了沉重的代价，法庭应当让他感受到宽容与关怀……"

站在被告席上的赵小春低头哽咽，泪流满面。

郝秀凤的辩护打动了在场的每一个人，这时站在旁边的一位法警看到赵小春衣衫单薄，立即脱下了毛料西装隔着栅栏披在他身上……

法庭内静寂无声。

坐在审判席上的法官终被郝秀凤的真诚打动，采纳了她的辩护意见，从轻判处赵小春拘役3个月，罚金1000元。

法院判决那天，赵小春实际上已经在看守所被关押了2个多月了，按照规定几天后就能释放。郝秀凤叮嘱小春释放后可以去律所找她，并给他留了律所地址。

2006年元旦过后，郝秀凤记得这天应该是小春刑满释放的日子。不到8点她就往单位赶，想着把昨天没弄好的案卷归拢后就去看守所接小春。一出电梯她吃了一惊，发现赵小春已经站在律师事务所的门口了！郝秀凤十分惊讶！从看守所到关河路有十几公里路程，天上还下着小雪，这么早，他是怎么赶过来的？

见到郝秀凤，赵小春扑通一声跪下了，他说："姐姐，我等你很久了，我是特地来向你说声谢谢的！"原来，今天一早赵小春就被释放了，按照郝秀凤留给他的地址，出了看守所的大门他就往律所赶，因为没钱坐公交，徒步走了两个多小时。

此后的日子里，郝秀凤似乎真的成了赵小春的姐姐。赵小春在常州没有固定居所，郝秀凤就把他的暂住证办到了自己家，不仅如此，郝秀凤还像亲姐姐一样帮他租了一间房子，买了被褥和必要的生活用品，为他垫付了房租，并给他介绍工作……

赵小春找工作的过程并不顺利，因为他诚实，不愿隐瞒自己被判过刑的这段历史，跟招工单位实话实说，因而找工作受到了冷遇，处处碰壁。郝秀凤知道后，就帮他在一家叫作"百姓人家"的酒店找了一份传菜的工作，郝秀凤对老板说："我来为他担保，出了什么事找我！"赵小春肯吃苦，干活又勤快，很快得到了酒店老板的欣赏。

这天，赵小春来找郝秀凤，欲言又止。"怎么了，有什么事吗？"原来，到年底了，百姓人家酒店邀请所有员工和员工家属到酒店吃一顿团圆饭，小春在常州没有亲人，所以他想请郝秀凤夫妇作为他的亲属参加聚餐。郝秀凤对赵小春说："再忙，姐也去！"

那晚，郝秀凤和丈夫以赵小春姐姐、姐夫的身份参加了赵小春打工饭店的聚餐年会，赵小春满面春风。饭后，小春特意把酒店分给员工的两箱苹果送到了郝秀凤家。

春节前，郝秀凤为赵小春买好回家的车票，对他说："你几年都没回家了，春节回去看看奶奶，顺便把身份证补办一下。"那一刻，赵小春的心在颤抖着，满眼的泪水。

春节过后，赵小春很快回到了常州。

郝秀凤对他说："你先前是因为不懂法才会犯法，要在这个社会上走得更顺畅，就一定要懂些法律常识，常州电大马上就要开学了，我跟校长说说，让你去旁听一下，增长一些法律常识，你一定要去啊！"一听能到大学旁听课程，赵小春既惊喜又激动，为了方便就近听课，他随后换了一份工作，去电大旁边的一家民生银行做停车管理，并学会了开车，赵小春慢慢地成长自立起来，不用郝秀凤操心了。

时间过得飞快，转眼就是两年。

汶川地震那年，某一天，小春又一次找到郝秀凤，这回他有点儿欲言又止："郝姐，我想跟你说个事儿……""啥事？你说！""我想离开常州了，到外面去闯一闯。"郝秀凤关切地问他，是不是现在的工作有哪里不顺心？小春说："不，我是觉得在常州总有您照顾，感觉自己对姐姐的依赖越来越大，再这样下去我就不能自立了，我现在是个成年人了，我考虑应该独立去闯一闯！"郝秀凤一听很惊喜，觉得小春真的长大了，"好，姐不拦你，出去好好干。""郝姐，等我混好了我就回来跟你联系，如果混得不好，我，我就不会再来找你了……""说啥话，姐永远是你姐，姐的家就是你的家，如果在外面觉得累了，想什么时候回来就什么时候回来！"那一刻，郝秀凤看着眼前这个坚强又即将远去的孩子，心中一酸。

离别的那一刻，赵小春郑重其事地给前来送行的姐姐鞠了一躬，说了句："姐姐，我不会让你失望的！"然后转身离去，眼中噙着泪水，再没回头。

赵小春毅然决然离开了他的郝姐，并且把手机号码也换了。

从此，郝秀凤再无赵小春的消息。开头几年，郝秀凤还有些期盼，随着时间的推移，渐渐地这事就淡了。只是偶尔和丈夫说起，不知小春现在怎样了。

转眼间到了 2012 年，某天，郝秀凤收到了一封信，信上只写了一句话：我在东莞打工，挺好的，姐姐不用挂念。信封上没写地址，信中也没留名字，但郝秀凤一看就知道是小春写来的，心里一块石头落了地，暖暖的。再后来，每到年底，郝秀凤总会收到从东莞寄来的特产，各种腊肠、小吃等等，也是没有地址，没有邮寄人，但她知道，这些都是小春寄来的。

很快进入了微信的时代，某天，郝秀凤的微信好友添加名录中出现了一个久违的名字，她双眼一亮，是小春！时隔七八年，小春再次出现在郝秀凤的视野中，并且第一次主动跟她联络，郝秀凤预见到，赵小春一定有了一些作为。果然，在聊天中，小春向郝姐透露，他现在办了一家工厂，生产 LED 灯。郝秀凤十分惊讶！谁能想到，那个面黄肌瘦、身无分文的穷孩子，竟然蜕变成了一个小有资产的老板！她激动地说："小春，你非常了不起！你是姐的骄傲！下次我去东莞一定要参观你的工厂！""好，姐姐，我在东莞等你！"

2014 年，郝秀凤去深圳办案，办完案子的第二天专程去了一趟东莞。火车到站了，郝秀凤下车后一个人慢慢走到了厚街，她在细细观察着这座城市，这是一个充满青春活力的地方，遍地都是外来打工的年轻姑娘和年轻小伙，他们像一只只飞舞的蜜蜂，辛勤地在东莞这片土地采花酿蜜，装扮着这座城市的春天。小春就是他们中的一个，几年时间，他已经在这里筑起了幸福的人生。在厚街徜徉了片刻，郝秀凤才拿起手机给小春打电话。电话那头的小春十分惊喜，亲自开车来接他想念已久的郝姐姐。

一辆崭新的奔驰轿车停在了郝秀凤身边，望着面前这位衣着考究，挺拔帅气的年轻小伙，郝秀凤真的有些认不出来了，这还是 8 年前认识的那个瘦弱小男生吗？"小春，你真的没让姐失望！"郝秀凤给了小春一个拥抱。小春很兴奋，带着郝秀凤去了他的工厂，还带着爱人和女儿一起来陪恩人吃饭，他请郝秀凤到东莞最有特色的酒店，专挑贵的菜点。有一道鱼让郝秀凤至今难忘，她说："那鱼骨头和肉都是脆脆的，吃到嘴里特别香。还有一种吊起来的烧鸡，造型非常奇特，叫吊锅鸡，摆上桌很有气派。"

小春身份变了，却依旧保留着从前的朴实。他对郝姐说："我奶奶前几年去世了。我那段时间很难过，觉得世界上没有亲人了，那时我就想，一定要混出个人样来，哪怕奶奶在天上也是看得见的。不仅给天上的奶奶看，还要兑现我的诺言，给我的郝姐看，要对得起郝姐的再造之恩。说实话，常州是我的再生之地，我现在从事的灯具生产也跟常州有关系。2008年我跟姐姐告别以后，其实没跑很远的地方，而是在常州的灯具城做销售，就是卖LED灯，做得还可以，但我想多见见世面长长本事，后来又辗转无锡、苏州、福建等地去打工，几乎是一站一站停，找工作的过程还是很艰辛的，没地方住的时候就在火车站候车室睡，最终到了东莞才落下了脚，因为东莞有LED灯的生产，需要销售，正好是我以前干过的，所以我在销售过程中赚了不少钱，有钱后就想自己办厂。办厂过程中遇到不少麻烦，有一年灯具销量不好，账面上没钱了，恰恰又是年底了，员工们都需要领工资回去过年，我那时第一个想起的人就是郝姐，想打个电话跟你借点钱的，但电话没拨完号就被我挂掉了，因为我对你说过，要混出个样子来的！最后我拿厂房做抵押贷款给员工们发了工资。因为有过以前的那种经历，我对自己说我一定要做一个善待员工的老板，做事要对得起自己的良心，绝不拖欠员工的一分钱工资！"

郝秀凤静静地听着，心里充满了感动，感动于那个弱小的男孩子已经成长为一个真正顶天立地的大男人了，难得的是他身上没有商贾尔虞我诈的邪气，有的是重情重义的浩然正气！自己当年一个小小的援助，竟然结下了如此璀璨的硕果！真让人心里无限惊喜！

小春告诉她，现在他的工厂发展越来越好，老家许多贫穷的老乡和他们的子女都在他的工厂打工，他打算将公司在"新三板"挂牌上市……

郝秀凤心头暖暖的，原来，善良是可以分享，可以复制，可以像滚雪球一样越滚越厚重！

2017 年，基金会 10 周年报告会那天，赵小春正在国外谈生意没能来到现场，他特意请助理给法援基金会送来祝贺信。他在信中说：当年，是法律援助给了他温暖与帮助，让他重新鼓起生活的勇气，他才有了今天的成就。

"感谢郝律师的再造之恩，感谢常州市司法机关和社会的宽容与帮助，挽救了我，教育了我，让我走上正路……"主持人在台上读着赵小春的来信，郝秀凤眼中似乎有泪花在闪烁。

在信的最后，赵小春对郝秀凤这样说："秀凤姐，等我的企业上市，我一定邀请您到现场。您一定要来呀！"主持人充满深情的朗读声在剧场上空回荡……

坐在我旁边的胥容菲竟有些唏嘘。

10 周年报告会过后，我和胥容菲追寻着郝秀凤律师的脚步来到了常州。

满面春风的市司法局副局长宋春荣十分热情地把郝秀凤律师的简历递到我们手中。

郝秀凤，江苏东晟律师事务所主任、江苏省律师协会女工委委员、民进常州市委女工委副主任、常州市律师协会女律师工作委员会副主任，常州市十六届人大代表。先后获得过"江苏省优秀律师""江苏省优秀公益律师"、中国法学会"优秀刑事辩护律师"等荣誉称号。她于2002 年跨进江苏东晟律师事务所大门从事律师工作开始，在担任专职律师期间已经承办了 200 余起诉讼案件，特别是为一起职务侵占罪案件历经 2 年 8 个月时间，最终无罪辩护获得成功。她写的辩护词也被第五届

刑辩论坛暨2012年刑事辩护高峰会评选为优秀辩护词，她在国家级专业报刊上发表了很多优秀论文，《民营企业商业秘密存在的问题与对策》在人大报刊复印资料上全文转载，《民营企业合同管理》在《中国司法》上刊登，其专业技能得到了社会各界的认可……

宋局长是一位资深的司法人，原在司法局法治宣传处工作，长期致力于法治宣传，思路清晰，热情周到，说起郝秀凤，话语中透着自豪："郝秀凤律师不仅业务过硬，人也长得美丽优雅，她是我们常州市律师界的一张名片呢！"

傍晚时刻，宋局长带我们来到了郝律师所在的东晟律师事务所，律所办公室主任在门口迎着我们："郝律师下午有个案子开庭，开完庭她就往回赶，这会儿正在路上，请作家老师们先在会议室等一会。"

东晟律师事务所位于常州市劳动西路的华景大厦，为合伙制律师事务所，在进门的玻璃大门上贴着一副对联：上善若水正念利他，自立自强厚德载物。整个律所布局很紧凑，装潢简洁而明快，墙壁上悬挂的锦旗与荣誉奖牌见证着这个律所的辉煌。

我们顺走廊一路参观过去。在东晟，每一个律师的办公房间都不大，大多只能容下两张办公桌，但与一般律所不同的是，几乎每一个律师的办公桌上都堆着厚厚的案卷，有的甚至有两尺多高。虽快到下班时间，但依然有许多青年男女律师在忙忙碌碌，律所主任说："我们所口碑好，案子也多，虽然许多都不是赚钱的案子，但律师们对自己的工作都很上心。许多法律援助的案子，局里的法援中心接下来都会联系我们，受郝主任影响，所里不少年轻律师都在做这方面的工作。"

正说着，郝秀凤风风火火地赶回来了："对不起，让老师们久等了，一开完庭，我就麻溜儿地往回赶，路上堵车！"一句家乡话冒了出来，才知道她是东北人。

郝秀凤的老家在黑龙江三江平原的 853 农场，20 世纪 90 年代初，就读于黑龙江大学。也许你会奇怪，一个在黑龙江读大学的黑龙江姑娘怎么会扎根在千里之外的常州的。郝秀凤告诉我们，是因为追随爱情。

由此可见，爱情无敌。

这一切都源于一次大学的校园联谊会。郝秀凤在黑龙江大学读书期间，有一次，哈尔滨的几所大学搞联谊会。在会上，她认识了另一所大学的一个男生。虽然这个男生并不帅气，但举手投足间温文儒雅，郝秀凤对这位男生一见倾心。而这个男生，就是她现在的先生。

那个年代的校园爱情是美好的，郝秀凤至今回味起来，依然沉浸在甜蜜之中。

郝秀凤的先生是常州金坛人，比她高一个年级。毕业后，先生回到常州工作。原以为，这段校园恋情会因此而终结。可郝秀凤的先生毕业后，坚持每周给郝秀凤写一封信，且每月给她寄 100 元生活费，100 元是那时一个大学毕业生一个月的工资。

先生的坚持打动了姑娘的芳心，一年后，郝秀凤毕业，要追随男友去常州。全家人一片反对声，"你是我们家族第一个大学生，全家人省吃俭用花了这么多钱好不容易培养了一个大学生，现在要离开父母，离开家乡，这不是白起劲吗？"而且还要交一笔 4500 元的"出省费"，这在当时可不是一个小数目。父亲忍不住摸摸她的额头："可怜的孩子，你是不是脑袋烧坏了？"郝秀凤后来自嘲："我当时的确是被爱情的火焰烧坏了脑袋。"

郝秀凤说，当时，家人全部反对，我自己心里也有一丝顾虑，万一到了常州后他负了我怎么办？现在回想起来，那时自己之所以能义无反顾就是属于"被爱情冲昏了头脑"吧！其实热恋中的女人都一样傻，智商为零。

郝秀凤痴痴地笑着。还好，坚持的结果是母亲理解了她，"只要女儿幸福我就开心了"。

来到常州后，郝秀凤当初的担心完全消除了，先生对她照顾得无微不至。先生白天上班，回来还会给她做饭。而且，她后来还了解到，她先生刚工作那年第一个月的工资才 95 元，大半年后工资才 120 元出头。而每月坚持给自己寄 100 元。"我不知道他给我寄走 100 元后自己是怎么生活的。"郝秀凤说。

初来常州，人生地不熟，除了先生之外，没有一个熟人。当年 9 月，郝秀凤在先生姑父的帮助下进了河海大学校办工厂当行政秘书，一个月工资有 400 多元。工作很轻松，每天的第一件事就是给领导泡茶，然后盯着桌子上的 3 部固定电话，哪个响了，就接哪个，还有就是报纸、信件的收收发发。第一个月领到的工资和奖金有 450 元钱，郝秀凤开心啊，她出生以来第一次拿到这么多的钱。但是，开心的日子很快就过去了，她又变得闷闷不乐，难道每天的工作就是这些吗？一个高中生就能胜任的工作，用得着耗费一个法律专业本科生的青春岁月吗？这些年寒窗苦读的意义又在哪里呢？她觉得这里只是自己人生旅程中的小憩。她要把握自己人生之舟的航向，毅然决定辞职。与上一次的命运转折一样，全家人异口同声又是一片反对声，郝秀凤把求救的眼神投向老公，先生望着执拗而果断的妻子，无奈地摇摇头，又点点头，算是默许了。

离开那天，校办厂领导和同事都对她恋恋不舍，厂长对她说，"职位留在这里，如果出去闯荡不顺利，再回厂里来。"

辞职后，生活压力劈头盖脸地来了。当时郝秀凤先生的工资才 200 多元，郝秀凤辞职后在一家律所实习并准备来年的律师资格考试，没有一分钱收入，这也是她后来办律所时对实习律师必须给实习工资的理由。就这样熬了几个月，转眼就到了年底。"那年过年是我和先生一生中过得最狼狈的春节。"郝秀凤说，过年时，她和先生两人一共攒了

1280 多元钱。为安慰远在黑龙江的父母，她给父母寄了 500 元，又拿出 500 元准备回去给公婆。这样就只剩下 280 多元，郝秀凤准备留着和先生两人过年用。没想到先生拿着钱偷偷给她买了一件大衣，花了 260 多元。刚拿到大衣，郝秀凤满脸欢喜，可知道是先生拿过年的钱给她买的后，她跟先生大发雷霆："你不打算过年了！"先生却温柔地对她说："我再苦再累，过年时也要给老婆买一件新衣服穿啊。"就这一句话，郝秀凤心头的怒气瞬间烟消云散，依偎在先生的肩头哭了，须知，那是幸福的泪水啊！

小两口在城里硬撑几天，终于无米下锅，只好在小年夜直奔老公金坛老家去过年了。"我记得那一年，我和先生花 10 元钱买了两张从常州到金坛的中巴车票后口袋里就清零了，真正的穷光蛋。"郝秀凤笑着说。为解生活窘境，过年后她抱着本电话簿挨个给相关单位打电话，问需不需要招人。其中一个电话打到了常州电大，接电话的正是电大唯一的法学教师周旭东，此时，周旭东正准备创办律师事务所，急需一名法学老师顶替自己，当即汇报给校领导让郝秀凤去试讲。郝秀凤兴奋无比，她法学功底过硬，普通话也讲得好，试讲大获成功。于是，被常州电大招聘为法学老师，教起了法学课。

"我记得当时上一节课才 4 元多，最多一天要上七八节课。每天晚上回到家，嗓子眼儿直冒烟，累得只想倒头就睡。"郝秀凤说，还好，在电大上课时，每天晚上先生都准时去接她回家。

郝秀凤因工作出色，在电大上班不到 3 年，被提升为教研室主任。

1997 年时，电大分房，学校的领导照顾她，给郝秀凤分配一套房子，但需要自己出 3 万元。郝秀凤和先生所有积蓄不到 4000 元，这笔钱还要留着为即将出生的孩子做准备。可为了孩子，总需要一个稳定的住所，不能一直住在先生单位的职工宿舍啊！这时，郝秀凤才真切感受到金钱的重要。多亏一个老同事主动借给她 2 万元，她才把房子给买了下来。这件事像刀一样刻在郝秀凤心头，她身上"不安分"的基因又一次"闹"起来了，她做起了律师梦，因为当律师比当一名电大法学教师钱挣得多。1998 年，郝秀凤参加全国律师资格考试一举通过，从 2002 年始她做起了兼职律师。做兼职律师期间，通过与社会各阶层的深入接触，她才深切地感到法律对于普通老百姓的重要。怀着对公平的渴求，对正义的期盼，2009 年她再次跳槽，离职电大，到周旭东律师所创办的江苏东晟律师事务所当上了一名名副其实的律师。

自从办理过赵小春的案件以后，郝秀凤对法律援助案件似乎有了感情，格外上心，不管多忙，每年都要抽出时间来办理 10 多件法援案件。到 2017 年，12 年间亲手办理的法援案件已有 200 多件，平均一年近 20件。在这些法援案件中，最多的就是农民工工资追索案。

2017 年春节前夕，她帮助来自内蒙古赤峰市农村的特木勒要回了5.4 万元经济补偿金。

来自内蒙古农村的舞蹈演员特木勒与天宁区某文化发展公司签订一份合同书，约定特木勒负责演出编排，月薪 4500 元。就这样，他在该公司辛辛苦苦工作了近 6 年。

不料，2016 年 8 月，公司突然无缘无故地将其辞退。特木勒气愤至极，拿出合同要求公司按约支付解除劳动关系补偿金，但公司以种种理由矢口否认。

特木勒家住内蒙古赤峰市农村，母亲年迈多病，更让人揪心的是，其父患病手术后落下半身偏瘫，平时只靠轮椅行动，家庭生活全靠特木勒这个"顶梁柱"来维持。这次公司解约，使原本困顿的家庭失去了支撑。

"你挣钱养家糊口不容易，这个官司我免费帮你打。"当特木勒慕名找到郝秀凤时，郝秀凤慨然应诺。她跑公司，跑法院，最终帮助特木勒拿到了全额补偿金。

　　另有一个援助案件，前后历时一年多，郝秀凤不仅分文不取，还贴进去汽油费 3000 多元。那是一对外来打工的青年情侣，原本有一个美好的未来，却在一场电影后，被一场车祸给毁了，女孩子被醉驾司机撞成了植物人。

　　女孩的妈妈从江西农村赶来常州，悲痛欲绝。女孩爸爸因病早逝，妈妈辛辛苦苦带大了女儿，眼看着日子越过越好了，不料飞来横祸把母女的后半生给毁了。郝秀凤接下案件后，请求法院先予执行，用赔偿款救治女孩。官司前后奔波一年，终为女孩赢得赔偿款 80 多万元，并全部执行到位……

　　法援路上不停歇。自 2010 年开始，郝秀凤和同事们一起在永红街道创办了"红帆法律工作室"，每周设定固定时间接待群众咨询，对居民进行法律宣传，处理各类涉法矛盾纠纷。她还以工作室的名义做了很多帮助民工追讨工资、人身损害赔偿维权、劳动争议维权等各类法律援助案件……郝秀凤将大量精力投在了法律援助事业上，律所同事说："她做公益所花的时间已超过了她做业务的时间。"

　　法院熟悉她的法官同她开玩笑："你怎么办的都是这种贴钱的案子啊！"郝秀凤说："虽然赔了时间又贴钱，但我得到的是幸福，收获的是快乐！金钱能买到幸福快乐吗？"

　　正是郝秀凤对法律援助的"痴情"，才最终换来了一件件维权案件的成功，才换来了一个个家庭和睦的结局，才换来了一份份解疑释惑后的舒心，才换来了一张张走出阴霾热情洋溢的笑脸。也正是郝秀凤对公益事业的付出，使她收获了许多荣誉：未成年人思想道德建设优秀成果奖、常州市女律师牵手巾帼维权站志愿服务行动优秀志愿者、常州市巾帼帮教工作先进个人奖等……

那天晚上，在东晟律师事务所，我们静静听着郝秀凤的讲述，灯光温馨，却有巨浪在心头翻卷，都说法律无情，我们却分明感受到了法律人情感的温度！

采访日记本上，有王霞林的一段话：每一位领导干部和法律工作者必须深刻认识到，对人民群众充满感情，不是恻隐之心，而是政治责任；不是策略安排，而是价值取向；不是权宜之计，而是根本要求……

无情未必真豪杰，法不容情人有情，法律援助彰显出的是法律志愿者博大的情怀。

第十二章

法援律师的金钱观

常州市司法局的一间会议室里，我们在等待着徐宏伟律师，他正从市法律援助接待中心值班地点赶来。

"常州的法律援助做得好，离不开法援律师们的付出！"常州市分管法援的局领导宋春荣说，"我先给你们讲一个徐律师'奇援'的故事吧，这个故事的关键词是：黑心叔叔私吞拆迁款，五哑巴兄妹有口难辩，求法律伸援手讨回公道，援助律师创奇迹为之翻案！"

宋春荣像在说评书，说得绘声绘色，我们瞬间被他的讲述吸引。

故事发生在 2011 年，常州有一处遗产房被拆迁了。拆迁安置评估结算价为 116 万元！遗产是一位老奶奶留下来的，按照法律，遗产应该由她的子女平均分，如果子女不在世了，再由子女的后代平均分。这位老奶奶有 2 个儿子，大儿子死了，留下 3 个子女，二儿子还在。那么遗产应由大儿子的 3 个子女和二儿子平分。令人想不到的是，拆迁款却被二儿子一人独吞。

这家人姓许，一般情况下，如果是普通人家，日子还过得去，这事闹闹然后调解调解也就罢了。可许家的情况有些特殊，已经去世的大哥的 3 个子女都是哑巴，其中 2 个已经成家，找的也是哑巴，一家 5 口人 5 个哑巴！更揪心的是，这 5 个哑巴全部没有固定收入，这笔遗产对他们来说就是救命的钱。可是他们二叔却被利益迷了双眼，无动于衷、视而不见，将侄儿侄女视同路人，将亲情抛在一边。

眼看着亲叔叔用这笔钱买了两套新房子，剩下的钱也分文不拿出来！许家兄妹着急了，到二叔门上讨要，狠心的二叔竟将他们赶出，于是亲情断绝，他们想到了告状，可 5 个聋哑人有口难辩，也没有钱打官司哪！这时候，经好心人指点，在舅舅陪同下找到了常州市法律援助中心，叽里呱啦一阵比画，援助中心工作人员弄明白了事情的原委，决心帮助 5 个聋哑人打这场官司。

案子迅速被指派给了金伙伴律师事务所的徐宏伟律师。

徐律师接下案件后，立即着手调查核实相关证据材料。说实话，案件本身并不难打，难的是当事人讲不明白，所有证据材料都需要律师现场走访，找相关证人一一核实，费时费力，考验的是律师不怕烦的耐心和时间的付出。徐宏伟在纸上对许家5兄妹许下诺言：你们放心，这个官司我一定帮你们打赢！

一审，5个聋哑人赢了官司，几兄妹欢天喜地。

但是叔叔不想把到手的钱吐出来，一审宣判过后，又节外生枝，硬说那房产中有一部分建筑是他搭建的，拆迁款不能平分。二叔来了个反告，把5个聋哑人告上了法庭。没想到的是，这次聋哑人败诉，需归还叔叔搭建款137975元！

法庭宣判后，许家兄妹欲哭无泪，再次向市法律援助中心申请法律援助，案件又交到徐宏伟律师手中。徐律师翻阅卷宗，心中一阵发紧。本能告诉他，这个案件必有隐情，但想要翻案，难度非常大！但法律的良知不容他推诿，他再次告诉许家兄妹："你们放心，这个官司，我一帮到底！"

徐宏伟这一承诺不打紧，接下来却是5年艰苦的调查取证之路。打官司重要的是证据，房屋已经拆迁，证据哪里找？公说公有理婆说婆有理，如何驳倒他们的叔叔？

调查走访邻居街坊，无人说得清，最后徐宏伟在房屋的拆迁评估报告和安置协议中，发现一审法院事实认定不清、适用法律有明显错误的漏洞。拆迁房屋有两份协议，前后相差半年，表面看都是哑巴们和叔叔许某签订，内容却大相径庭，而在庭审中，法官却将两者混为一谈，显然，叔叔许某从中做了手脚。

庭审中，徐律师摆事实，讲证据，极力为许家兄妹争取权益。法庭上他拿出相关证据，据理力争。"诉争房屋，是由哑巴夫妻出资搭建，所有权及相应的拆迁款应当由他们享有。虽然哑巴与叔叔许某之间对诉争的建筑有过协议，但哑巴是在被胁迫情况下签的字，并且两份协议内容前后矛盾，不应采信。结论是：许某人为扩大了有争议的违章建筑的面积……他非但没有损失，自己还有部分不当得利！"

徐律师在法庭上义正词严地说："本案受援人系严重残疾，且无稳定收入，基于《残疾人保护法》等有关法律规定，权利理应受到保护。"

在事实和证据面前，法庭最终支持了徐宏伟的辩护意见，官司赢了，赢得虽然艰难，但正义得到伸张。许家兄妹，5个哑巴拥抱在一起热泪长流，他们比画着，意思是庆幸遇到了无私奉献的徐律师……

宋春荣正讲到兴处，徐律师走了进来，夹克衫，牛仔裤，高高瘦瘦，戴着一副眼镜文质彬彬，典型的儒生气质，落座后得知我们是为农民工法律援助而来，感叹道："在我所经历的法律援助案件中，绝大多数案件都是有关农民工的，在社会转型期，农民工群体的出现给如何实现法治公平带来了挑战，作为一个律师，维护法律的尊严是从业的基本素质与良知，所以我对参与办理的法律援助案件一直保持着极大的热情，主动要求到市法律援助中心值班，参与办理法律援助案件。"

徐宏伟是陕西师范大学政治教育本科毕业，后来又考取南京师范大学研究生，改学法律。2003年考取了律师证，做了律师后就开始接触法律援助，一直不间断做到现在。

我办理法律援助案件跟办理其他收钱的案子都是一样的付出，从不应付差事。徐宏伟面色严肃地说，因为办理收钱的案件是要维护当事人的合法权益，而办理法律援助案件除此之外还有另外一层意义，那就是积德行善，除了维护公平正义，还是社会良心的体现！

徐宏伟最初接下的一件法律援助案件的受援对象是一个面临死刑的嫌犯。

她叫李秀丽，是一位从东北农村来常州打工的女工。李秀丽在常州一家酒店做领班，高高大大，长相洋气，仿佛带点俄罗斯血统，典型的东北姑娘模样，但不能算东北姑娘了，她是一个母亲，女儿已经读了大学，但她长相年轻，不像是40岁，看上去比实际年龄要年轻10多岁。她性格爽朗，为人豪爽热情，大大咧咧的，大概也正是因为这种性格，她被人利用了，犯了事，被关在溧阳看守所。

徐宏伟静静地向我们讲述着。

我去看守所看她的时候，她整个人的状态都是在等死的模样。看守所民警对她说："律师来看你了。"她头也不抬，眼也不睁，看也不看我一眼，低着头对我说："你早点把我辩护死刑吧，我不想活了！"我当时心里一愣，还有自己找死的？

她的态度引起了我的好奇，我就更加仔细地了解她的案情，看是怎样的一个情况。

她是交友不慎涉嫌犯罪的。

她在常州的一个酒店做领班，在酒店认识了一个小姐妹，是一个福建客户，经常到常州来，住在她的酒店，一来二往，两人熟了，以姐妹相称。一次，那个福建小妹对她说："姐，我有些东西你能不能帮我在酒店舞厅推销一下？"李秀丽说什么东西，小妹说咖啡因，吃了兴奋的，跳舞不瞌睡。她说句，好的。就帮小妹推销了，没收一分钱的好处。不久，小妹从广州给她带来时髦服装，又拿出第二批货请她帮忙推销，这一次被公安抓了，她才知道那并非是咖啡因，而是毒品。

因为这次毒品数量太大，超过死刑量刑标准，被抓后那个福建小妹咬定李秀丽是主犯，说自己是按照她的要求从福建进货的。如果事实被认定，李秀丽将面临死刑。

可李秀丽压根就不认识毒品，过去也没接触过毒品，纯粹是出于友情帮小姐妹的忙。但福建小妹一口咬定自己贩毒是她指使的。李秀丽看到小姐妹翻脸不认人，万念俱灰，叹人性丑恶，痛不欲生，因而不想活了，只求速死。

徐宏伟会见李秀丽后，仔细翻看卷宗，发现诸多疑点，决定尽最大努力拉她一把。

"我老家在丹阳乡间，父母也都是农民，二老穷尽一生在田里劳作，供我上学，所以我对离开农村到城市打拼的农民工有着天然的情感。"徐宏伟说。

他调取了公安侦破案件记录，从中了解李秀丽的出身背景，希望从中找到打开她心扉的突破口。

李秀丽出生在东北一个偏僻的农村，因家境贫困，中学毕业后便跟村里人外出打工，应聘到一家酒店做服务员，因为长得漂亮，被常来酒店吃饭的某公司经理看上，软磨硬泡，打动了她的芳心，经理给她租了一套房，两人同居了，一年后生下了一个女儿。女儿天真可爱，李秀丽感到很幸福，她催着经理结婚，经理总是借故拖延，直到有一天，一个同她一样年轻漂亮的少妇找上门来，李秀丽才知道自己被骗了，原来经理早有妻室儿女，她成了第三者。她生性倔强，带着女儿离开了那个男人，用一己之力养活女儿长大成人，女儿争气，学业优秀，终于考取了大学。她这次被抓，她的女儿并不知情。

徐宏伟试探地问她："要不要通知你女儿？"李秀丽说："不行，如果女儿知道我被抓了，我女儿就完了。你能不能帮我一个忙，让我女儿去找她爸爸吧！"

显然，李秀丽放心不下自己的女儿。

徐宏伟心中有了底，为了激起她生的欲望，就说："其实，你很了不起，独自一个人把女儿养大，而且女儿这么优秀，上了大学，你是一个伟大的母亲。""可是我现在……"她悔恨地低下了头。"人哪有不犯错？关键是摔倒了要有爬起来的勇气！你想过没有？你想去死，问问你的女儿她同意吗？如果你死了，你女儿怎么办？交给她那个不靠谱的父亲你能够放心吗？我看了你的案件材料，从我的判断来看，你并不是主犯，你是被他们诬陷了。如果你能讲出实情，我会在法庭上据理力争，做出对你有利的辩护，为你争取最宽松的量刑。相信我，你女儿需要你，她在等着你，你今后还有很长的人生路要走！"

李秀丽黯淡的目光渐渐有了生机，重新燃起了生的希望。在案件审理中，徐宏伟抽丝剥茧，为李秀丽厘清了责任，争取了宽大处理，从轻判处了有期徒刑。

办这件案子，除了法律援助机构提供的案件补助，律师再得不到任何办案费用。

"做律师要有良知！做法律援助律师更要有良知！"徐宏伟说，"现在社会上有时候对律师的评价都是颠覆性的，有些人把律师说得卑鄙无耻，觉得律师是为有钱人辩护的，谁出了钱就为谁说话。其实，律师是一个高尚的职业，为了公平正义维护法律的尊严，维护当事人的合法权益，给再多的钱也不能颠倒黑白。当然，不否认社会上个别律师的职业素养有问题，被金钱奴役，被金钱驱使，做违背法律底线的事情，但不能就此否定律师行业。其实人生是怎么回事？人活着干嘛的？人活着就是要寻求能让自己感动的一面，寻找实现自己价值的一面。比如说法律援助，就是一件有意义的工作，你做得好，受援人感激你，信任你，这让你自己的人生变得很充实，与金钱无关。如果做任何事情的目的都是为了金钱，那么这人生还有什么意义？"

我们坐着聊天，听他发着感慨。没想到这位接近知天命之年的律师的内心情感竟是这样丰富，他用一件件具体的案例在阐述着他的金钱观。

他向我们讲述了10多年前办理的一个法援案件，他说："受援人是一个老太太，老太太的孙子有残疾，傻乎乎的，快成年了，什么都不会做，只有5岁智商。孩子母亲从家中出走，不知道去哪里了，父亲不务正业，经常殴打他，很可怜。老太太是来为他的孙子从父亲那儿争取权益，她当时对我说：'我还能活几年啊？我若不管他就完了……'办案刚开始时，老太太不相信我，后来我给她打赢了官司，她特别感恩，就送了几包烟过来给我，就是几包哈德门香烟，从衣服口袋里掏出来，香烟壳被衣服挤压得皱皱巴巴的。我说我不会抽烟，她就又送了一双鞋垫过来。老百姓的感情是很淳朴的。"

"还有，你们开头提到的那个哑巴案件，庭审时挺好的，哑巴不停地上来给我写，最多的时候是 5 个哑巴，轮番上来给我写，这个案子一开庭我就收不住了，一直在辩护，讲到下午五点半，法官都要下班了，我还在说，法官提醒我说，徐律师，这是法律援助啊！我说，我能说清楚的事实必须慢慢说。后来这个案子组织了调解，当然我也比较理解法官，平均每个法官每年判将近 400 个案件，比较累，改判要花很多精力。我们援助律师都有偷懒期，但到了法庭上，该说的还是要说，不说出来回去晚上睡不着……"

一说起来，徐宏伟有些刹不住车。

"我以前还办过一个案子，受援人是一位 30 多岁的文盲，不认识字，是一家事业单位的临时工，事业单位以改制为由把他开除，他找到了法律援助，由我出庭辩护。到法庭上一看，对方请的律师是以前帮助过我的一个亲戚。开庭前我就很纠结，因为对方律师有恩于我嘛，我这里只要松松口，对方就会赢。可我还是忍不住据理力争，说了半个多小时，最终判对方责任，赔了受援人几万块钱。如果我不当庭力争，这个官司肯定赢不了，因为这里面有技术含量在，法律给劳动单位设计了一个规则，必须提前 30 天通知劳动者解除劳动关系的事实。对方没有提前 30 天通知，所以要赔钱。我赢了官司之后吧，当时很爽，但一下庭就郁闷了，因为害得帮助过我的亲戚输掉了官司，这不是恩将仇报嘛，人家心里肯定是不舒服的，没跟我打招呼就走了。虽然我知道对方生了气，但我内心也没有什么后悔的，既然做了律师，就要尊崇法律，就要维护法律的尊严，别无选择！做不到这些，就不要选择律师职业！"

　　徐宏伟淡淡地讲述着发生在过往的一些法援案件，无论讲到动情处，还是悲伤处，他的语气都保持着始终如一的平静，但我们能够感受到他内心的那份炙热。

第十三章

法律援助点亮人生的红烛

在公平与正义面前，金钱是一块试金石。为了法律援助，常州市援藏律师朱山差点付出生命的代价！

2016年11月27日，援藏律师朱山成功调解一起棘手的劳资纠纷案件后，双方当事人都很满意。本来可以松弛一下紧张的神经，但想到临近大雪封山、工程停工、民工返乡急等工钱，他又拿起另一起民工要求企业兑付工资的诉求案卷。朱山忙得一刻闭眼的时间都没有，更要命的是，由于长期生活在平原地区，吃的食物都是熟食，但在桑日县的食堂里，无论肉食还是面食基本都是半生的。平时朱山都是自己给自己用高压锅做饭，可那天由于太累了，只能去食堂里吃那些半生的面条和牛肉，还喝了一碗凉酸奶。吃完晚饭后，朱山继续回到办公室翻阅案卷，刚开始翻阅就顿感胸闷，脸色煞白，案卷从颤抖的手指间瞬间滑落，身体不由自主地倒在地上……

就在前几天他连日奔波法院、人社局之间，翻山越岭往返企业、民工之间进行反复协调，因劳累过度，一上车就双眼紧闭。桑日县司法局副局长巴桑次仁看他体力不支、疲惫不堪，关切地叫他去医院检查，但是手头的案子却不让他歇下来。"不要紧，你看我身体——"他在巴桑次仁面前使劲拍了拍胸脯。45岁的朱山觉得自己身体敦实，压根儿没把身体发出的紧急警报放在心上，依然在各地奔波。而这一次，病魔将他彻底降伏了……

他被紧急送往桑日县人民医院诊治，医生说情况不好，有生命危险。桑日县医院和县司法局又连夜将他送往山南市人民医院抢救。此时，他身体已出现严重肾衰竭及肝、胆等多脏器衰竭，生命垂危。11月30日晚上血小板指数 * 低至 $11 \times 10^9/L$，处于极度危险的境地。

消息迅速传回常州，常州市司法局获悉朱山病危抢救的消息，立即

---

* 血小板指数正常值为 $(100-300) \times 10^9/L$

委派副局长高玉华带领律管处处长张正朝、朱山执业所在律师事务所常立律师事务所主任张立新、朱山妻子张丽慧赶赴山南市人民医院。大半年未见面的妻子张丽慧伏在丈夫的耳边轻轻呼唤着："朱山，我是丽慧呀，我来看你了，你快醒醒啊！"

山南市动用了一切医疗资源。北京援藏医疗专家组的5名专家专程从拉萨赶到山南市人民医院为朱山会诊。ICU室主任韦刚说："朱律师甘愿放弃优越生活，甘愿忍受艰苦恶劣环境，把法治精神植入雪域高原，这样的律师让我们特别感动和敬佩，为了他尽快恢复健康，我们所有的付出都值！"

在等待朱山醒来的人群中有一位藏族母亲巴果带着两个女儿从桑日县匆匆赶来医院守在重症监护室门口，双眼闪着焦灼的神情。巴果面对着神山冈底斯山圣洁的主峰冈仁波齐一遍遍地祈祷着……

时间飞逝，经过138个小时的全力救治，朱山终于睁开了眼睛，他醒来的那一瞬间，看到眼前有个模糊的身影俯在自己床边，很像自己的老婆，他不敢相信，丽慧怎么会在这里？他试着轻轻哼了一声。这时，妻子被惊醒，看到朱山醒来，惊喜地说："朱山，朱山！你可醒了！是我啊！丽慧啊！你知道你昏迷了多久吗？你要急死我们娘俩啊！"朱山这才知道自己不是在梦中……

我们见到朱山时是在2017年12月28日，那天上午，我们在江苏常立律师事务所见到了这位仰慕已久的援藏律师。

他个子不高，皮肤黝黑，长得很敦实，穿着也特别朴素，一看颇有些庄稼人的憨实感。与我们印象中衣着考究、风度翩翩的职场律师形象颇有些不同。

他告诉我们，他是主动要求援藏的。

2015年6月江苏省司法厅、省律师协会响应"1+1"中国法律援助志愿者行动和中华全国律师协会的倡议，在全省招募 8 名援藏志愿律师。

常州常立律师事务所主任张立新召集所里律师开会，传达了征召令。

朱山有两个亲戚在西藏当兵，亲友们相聚时常讲到西藏的情况，虽说这些年西藏社会经济建设取得了巨大的进步，但法制建设却相对滞后，有的地方还没有律师。西藏群众需要得到法律援助。朱山不禁心中一动：一个律师的价值体现就是群众需要，我不正是西藏群众最需要的人吗？

报名！可是，刚要毛遂自荐的他又有一丝犹豫。女儿正处在中考的关键时刻，在这个节骨眼上，自己报名，会不会影响女儿呢？再说，自己还有年迈的父母。晚上回到家，他把自己的想法告诉了当教师的妻子张丽慧："我想报名去西藏！"妻子听了不禁一愣："去西藏？"她盯着丈夫的眼睛，盯得朱山心头有些发怵！

此刻，妻子想的是：女儿要中考，家中有二老，你去了西藏，把家丢给我一个人呐！朱山看着一声不吭的妻子，动情地说："我是大山的儿子，从小生活在贫困的农村，当了律师下基层时经常看到群众因法治意识淡薄和法律服务资源的匮乏而蒙受损失，其实有些事情一经点拨就可避免。我想到西藏去用我的努力把法治精神镌刻在雪域高原。你不去、他不去，西藏的法治建设谁去搞？人不能老为自己活着。我去西藏，这也是我们家为促进民族大团结出的一分力，发的一分热。"

妻子还是没吭声，心里想，朱山是有些纯粹，在别人眼中是傻气，可当初不正是朱山身上那质朴感人的光辉吸引着她，打动了她的吗？

朱山，1971 年 8 月出生在重庆巫山县铜鼓镇双庙乡，是一个地地道道的三峡移民。三峡大坝建设初期，重庆很多地区要被水淹，许多村庄和乡镇的人民不得不为了国家建设背井离乡，去外地工作和生活。朱山还记得他们那个村庄也在山区，家里有七八亩田，都在山上，主要经济作物就是油菜和水稻。"城里人闲暇时都喜欢往山里钻，觉得大山太美了，有的气势磅礴，有的险峻挺拔，可我们山里人对大山的感觉却不是这样，它带给我们更多的是日复一日的劳累，插秧要爬山，浇水施肥要上山，清理石块还要上山，一天在山坡上折腾几个来回，人都累得虚脱了，哪里还有美可言？"朱山说，"我家还有一个哥哥和一个姐姐，哥哥早早去葛洲坝打工去了，姐姐也嫁人了，我一个人待在家里要时常帮父母挑 100 多斤的玉米到山下，那时我还上学，走四五十分钟的山间小路，过三个山弯，放学后还要割草、喂牛、喂羊……我做梦都想着走出大山！有一年我去葛洲坝看我的哥哥，要先坐一个半小时的长途车到巫山县城再辗转到葛洲坝。葛洲坝是我见过的第一个城市。我的哥哥在葛洲坝工程现场挑沙，我见了他，问哥哥在这里怎么样？哥哥说，累是累点儿，怎么都比在山里务农赚钱多，有保障！从此，我更坚定了以后要来城里工作的决心！"

当时朱山想着，走出大山就两条路，一条是当兵，另一条就是读书。高中快毕业时，他首先尝试的是当兵这条路，兴冲冲地跑去报名了，但在第一轮体检中，因为身高不到 1.65 米，惨遭淘汰。伤心的朱山明白，想走出大山，只有读书这一条路了。从此，朱山埋头苦读，终于考上了万县财政干部贸易学校文秘专业。那时虽然念书便宜，但两年也需要 730 元的学费和生活费，另外每个月还要 16 斤粮票。家里拿不出这么多钱来，为了供朱山读书，朱山的父亲先出了大山，跑到海南岛去打工，险些把命送到那里！

在海南，朱山父亲跟着一个包工头在工地上挖土干活，有天他们正在进行场地施工，用挖掘机挖土，挖了一半父亲要下去拿点东西，人刚下去没走几步，挖土机上的驾驶员没注意到他，又开始作业了，一个深铲下去就连人带土挖到了拖斗里。幸好下面有工友看到了，立刻大声呼救，冲驾驶员摆出停止的姿势，驾驶员惊觉，把挖铲放了下来。过年回家时，父亲的同事拉过朱山的手，十分感慨地对他说："你小子，以后可要对你老子好啊！为了你，他差点把命丢在海南！"朱山知道父母的不容易，学习更加勤奋刻苦，为了走出大山，报答父母，没有什么困难是他克服不了的！

机会终于来了。1994年，朱山中专毕业，恰好移民局组织安置招聘大会，江苏省委组织部副部长带领组织部人员来到了三峡理工学院，这是一场安置会，更是招聘会，国家的移民政策，让数以万计的三峡移民有了对口的帮扶城市，跟朱山一起参加江苏地区安置的就有11个同学，最后留在江苏5个。朱山被分到了常州房管局下属的事业单位，1994年7月份报到，从此他便与常州这座美丽的江南城市结下了缘分。

朱山刚到常州时，单位给他把路费报销了，还给他安排了宿舍，准备了被褥、碗盆、电饭煲等生活用品，每个月发到手有三百多元工资，这让朱山感觉非常的幸福！朱山所在的单位属于房管局，不仅有自己的房子，工资福利比公务员还高一些，更何况朱山所在的办公室工作很轻松，每天就写写东西，做些杂事，生活逍遥得很。常州带给朱山的不仅仅是工作，还有爱情。1997年，常州的四川老乡们举行聚会，他在聚会中认识了在武进礼河实验中学教英语的张丽慧，一见钟情。张丽慧觉得朱山身上有一种淳朴老实的气息，一定是个很好的老公，也喜欢上了他。可那时的朱山，除了一份工作和一间宿舍，什么都没有。记得第一次去丈母娘家拜访时，他拎了两瓶五粮液和两条烟，手上就没钱了，所以显得十分拘谨。但没想到丈人家是知识分子家庭，觉得朱山为人忠厚可靠，便放心地把女儿嫁给了他。结婚时，丈人还送给了他们一套90平方米的婚房，从此，朱山就在常州扎根了。

对大多数来自贫困山区的人来说，在一个富裕的城市有车有房有老婆有孩子，还有一份清闲的工作，还有什么比这样的生活更顺心、更舒适的吗？可劳动惯了的朱山渐渐对自己手头的工作失去了兴趣，他觉得自己一个浑身是力气的男人，怎能天天坐在机关里养老呢？清闲让很多人梦寐以求，却让朱山如坐针毡。不行！我必须要做点事情！朱山暗暗对自己说。

做什么才好呢？朱山当时想了两条路，一条是学法律，将来成为一个律师为老百姓申冤打官司！二是做生意，哪怕当个包工头呢，在自己老家有大量劳动力，他若做包工头，一定是个不坑人的好包工头，可以带领乡亲们一起致富！那就先尝试一下第一条！从此朱山开始自学法律，参加自学考试考上了南京大学的法律系专科，又过了6年，拿到了南大的法律系本科学位。

这时，摆在朱山面前的选择突然变得有些复杂了。他要考律师资格证，为自己今后的职业铺好道路。2006年朱山第一次考律师资格，只考了297分，距离分数线差60分！朱山非常沮丧，他回去细想自己没有考过的原因，发现自己没有全身心投入到考试中去，为了"保险"，他依然处在工作的状态，导致无法集中精神复习。朱山终于做出了人生的一个重大决定——辞掉在房管局的"铁饭碗"！

这个想法一说出来，家里立刻翻了天！反对声最大的是朱山的岳父岳母，他们苦口婆心地劝朱山："为什么要辞掉工作？万一考不上呢？我们家也是祖祖辈辈的常州人，都从事科教文卫的工作，你有没有想过以后没了正经工作，我们丽慧就成了四川打工仔的媳妇！不行，工作坚决不能辞！"朱山不是不知道"铁饭碗"在传统的常州人心目中意味着什么，他也曾犹豫过，但为了自己的理想，他不得不选择破釜沉舟。他说："我那年都36岁了，如果再不搏一把，我怕这一生都没有机会了"。2007年，朱山果断辞去了常州房管局事业单位的工作，全力以赴备考，终于在2008年考过了律师资格证。

律考过后的5月，朱山接到了岳父打来的电话，很惊讶！因为他辞职的事，惹恼了岳父，已经很久没有主动联系他了。但是这位刀子嘴豆腐心的老人天天关注着自己的女婿，他第一时间帮朱山查到了律考成绩，高兴得合不拢嘴，主动给他打电话："朱山啊，你考过啦！祝贺你！"朱山的丈母娘也高兴呢，特意拉着朱山去做了一身崭新的西装。

从此，朱山进入了星正律师事务所实习，成为一名真正的律师。

朱山一进律师事务所，就跟法律援助搭上了关系，每次轮到他们所律师到法律援助中心值班，他都抢着去。在这期间他认识了刘日辉律师，这位律师承办了很多法律援助案件，据说之前常州法援案子的一半都是他做的。朱山来了以后，勤勤恳恳帮助刘律师办案，刘律师心中暗暗高兴："这下可来了一个得力的助手！"

从 2008 年开始一直到朱山援藏前夕，朱山一直在律协"148"值班，在双元桥法律援助中心律师值班室值班，接触到的都是穷人，他非常乐意做这些没有多少钱拿但却十分有意义的工作。无论是城市弱势群体还是遇到了麻烦的农民，只要他们找上门来，朱山都尽自己力量去帮助他们。所以，当江苏省司法厅、省律师协会响应"1+1"中国法律援助志愿者行动和中华全国律师协会的倡议，在全省招募 8 名援藏志愿律师时，朱山主动报名。

回忆自己和朱山的相识、相知、相恋过程，张丽慧抬起头："既然你下了决心，我也不拦你，我支持你到那里好好干一番事业！"朱山眼睛湿润了，他动情地拉过妻子的手捂在自己胸口，"谢谢你理解、支持我，只是这一来苦了你了。等我援藏回来，我加倍偿还你！"

很快，省里的援藏律师名额批下来了，苏北 1 个，南京 3 个。苏锡常竟然只有朱山一个人报名。朱山不少朋友拿这件事调侃他："你看，苏锡常只有一个律师报名，你中彩了，就你傻吧！"朱山呵呵一笑："没人报名正好，我还怕报的人多抢我的名额呢！"这时，又有一位同事好心过来提醒："朱山，你可别太乐观了，我们是在平原生活的，去西藏对身体副作用很大！就在前年，我们常州有一个老板到西藏搞项目待了半年多，脑溢血死了！你去试试看，如果身体扛不住就赶紧回来！"
朱山信心满满地说："你们放心吧！我从小就在大山里干重活，身体好
得很呢！"

朱山临行前，常立律所的张立新主任举办酒宴为他壮行，叮嘱他千
万注意身体，全所同仁都等待着他平安回来！

朱山义无反顾地踏上了援藏之旅，他的目的地是西藏桑日县。

桑日县地处西藏山南市，属东南部冈底斯山南麓，平均海拔 4587
米，巍峨的冈底斯山与喜马拉雅山平行蜿蜒而去，像一面巨大的屏风竖
在桑日县面前。县政府所在地桑日镇就在山谷底，湍急的雅鲁藏布江穿
城而过，气候条件相当恶劣，干燥、昼夜温差大。自然资源也不丰富，
只有些铜矿、石灰石、大理石。牧民放羊，农民守着地种点青稞、油
菜、冬小麦，难有大的收益。

令朱山揪心的是，整个山南市只有一家律师事务所，桑日县竟无一
名律师，朱山成了这个县有史以来的第一位律师，顿时他觉得自己肩上
的担子沉甸甸的。朱山很快忙碌起来，桑日县天高地远，山高路陡，他
奔波在崇山峻岭间，到村寨、进牧场宣传法律知识，工作之余免费为群
众提供法律咨询、免费代书民事诉状和房屋买卖合同等法律文书，为当
事人排忧解难，努力解决当地法律服务资源匮乏难题，常州来的律师的
形象也很快树立在了藏族同胞心里……

在桑日县，朱山碰到的第一件案子是一起伤害案。

那天一位藏族同胞带着姐姐巴果辗转找到他，巴果正在为一件事烦
恼，那就是女儿受到巨大的伤害后，寻求赔偿却陷入了困境。巴果的女
儿叫尼玛德吉，是名藏族小学生，她看到家门口附近正在架电线，施工
现场有许多电缆，尼玛被吸引了，把充满危险的电缆当作了可爱的玩
具，悲剧瞬间发生，顺着电缆爬到半空的尼玛突然跌了下来，腿、手臂
被摔断，身体多处受伤。尼玛被紧急送往医院，但是施工方在支付了治

疗抢救的钱后，施工队伍就不知去向了。

尼玛家庭贫困，母亲巴果看着尚未痊愈的女儿不知所措。两年后，在县城的妹妹告诉她，县城来了法律援助律师。

朱山在县司法局副局长巴桑次仁的陪同下，和同事普布扎西第一次走进尼玛家，眼前的情景令他心酸。低矮的房间里几乎什么也没有，家徒四壁，只有一盏昏暗的灯吊在头顶。尼玛家是农民，只靠着几亩青稞艰难度日，而且巴果不识字，是个文盲，离了婚，除了尼玛，还有一个只有 1 岁多的小女儿。尼玛受伤对这个家庭而言几乎是"灭顶之灾"。

"一定要为尼玛讨回公道！"朱山握了握拳头。但是，巴果竟不知道施工单位是哪里的，只知道一个名字"葛洲坝"和一个叫"白经理"的人。而且，这事已经过去两年多，早已物是人非。

朱山左思右想，"解铃还需系铃人"。他请自己的后盾"常立律师事务所"同仁，查出与葛洲坝公司有关的所有公司，让巴果指认，但巴果一问三不知。

朱山又找到了当地派出所和安监局，两家单位告诉他，西藏当地处理此类事件一般都是乡政府进行调解的。朱山找到乡政府，见到了当时处理此事的乡长，总算知道了对方单位是"中国葛洲坝集团电力有限公司"，工地负责人姓白，人称"白经理"。2014 年 3 月，这家公司在桑日县绒乡巴朗村架设电线的施工中让小尼玛受了重伤。尼玛送西藏军区总医院诊断结果是左肱骨、左胫腓骨、右股骨骨折，右肾挫伤，腰五椎体横突骨折。当时经过乡里调解后，电力公司支付了第一次治疗费 9.5 万元和 4000 元营养费，口头要求巴果承担 50% 的监护责任，没有任何书面协议，也没有任何书面记录，也没有电力公司和"白经理"的联系方式。

朱山在派出所查到了对方电话，又通过工商查档查到了对方地址等信息，可电话打过去，接听的人说，桑日县的工程早就结束了，白经理早就回了湖北不在葛洲坝干了，经理都已换了几个了，甚至公司地址都从湖北宜昌搬到了武汉。

朱山从安监局了解到电力公司在加查县也有工程，立即赶往加查县，但等朱山赶到加查时，也是人去楼空了。朱山只得拖着疲惫的身子回到桑日镇上。似乎"山穷水尽"了，事情就此罢手？可是，脑海里尼玛痛苦的表情，巴果无助而信任的眼光一直看着他，朱山使劲摇了摇头："这件事我一定要管下去！"

他重新调整思路，最后通过县长的一位朋友联系上了电力公司在西藏拉萨的法律服务公司，通过法律服务公司找到了对方单位，终于"柳暗花明"。

前后经过三次谈判，最终迫使对方承担全部责任，支付 12 万元治疗费用，另外赔偿尼玛 6 万元的人身损害费，为尼玛维护了合法权益，讨回了公道。

朱山办理的另一件案件是民工劳务追索案。

西藏在桑日县有一项水利水电工程，中国水利水电第五工程局有限公司承包了这个项目，但因为没有适应高原地区作业的工人，他们又把工程转包给贵州江河水利水电工程有限公司，贵州这家公司又转给了朱某个人。朱某一个人跑到桑日县，招当地宋勇等 5 名民工做完了项目。朱某拿到工程款后，丢下宋勇等民工，拍拍屁股跑路了。于是宋勇等 5 名民工到桑日县人社局上访。

县司法局指派朱山律师为宋勇等农民工维权。

仔细了解案情后，朱山决定为农民工讨回公道。他找到了总承包方水电五局的副局长孙某，孙某说他们已经将工程款打给对方了，农民工没拿到款和他们没有关系。

朱山却点中他的软肋："不错，你们转包给的是正规公司，但后面的公司转得有毛病，怎么能把这样的工程转给连个体户都算不上的个人呢？你总公司有失察责任。所以，拖欠了农民工工资，你总公司要先行解决，然后，你们再追索其他责任人责任。"

朱山义正词严，孙某只好同意先把12万多元的工资款直接付给农民工，事情得到圆满解决。

这样的案件实在太多，把朱山忙得没了节假日，没了探亲假。

桑日县副县长吴跃中和司法局副局长巴桑次仁记得，朱山被聘任为县政府的法律顾问后，在援藏一年的时间里参与政府各种值班32次，节假日从不休息。他对藏族同胞说："你们有家室，路远交通不便，值班任务交给我这个'单身汉'好了。"他帮藏族干部顶了不少班。除去在政府值班，就是下乡开展普法宣传活动，现场受理法律援助案件、解答咨询，将桑日县下辖的1个镇、3个乡，44个行政村、83个自然村跑了个遍。他还常常利用休息时间深入藏民家中，耐心解读法律问题，把法治种子播撒到藏民心里。一年间，朱山办理困难群众法律援助事项30多件，累计为当事人挽回经济损失357.5万元；参与县政府信访接待40余次，化解多起重大矛盾纠纷。

桑日县司法局局长边单曲扎说："朱山律师在援藏服务期间，能够以桑日为家，严格落实'奉献、友爱、互助、服务'的援藏志愿精神，政治素质过硬，道德品质优良，业务能力优秀，恪尽职守、无私奉献。朱山律师以自己的实际行动，展现了'缺氧不缺精神'的崇高情怀、诠释了高尚的道德情操，为桑日县法治建设做出了突出贡献。"

2016年7月22日，朱山的援藏服务已经到期，因有多起案件尚未办结，另有几起涉及许多藏族农民工工资问题的案件需提供法律援助，朱山主动放弃返乡机会，自愿延长服务期限，申请继续留在当地开展法律服务和法律援助工作。在他日记本上，清楚记录着有2个案件8月份开庭，有2个案件9月份开庭，有1个案件10月份开庭，有的案件还没有排上开庭时间。看着藏族同胞企求和信任的眼神，他主动留了下来，延长一年援藏时间。延长一年，对他来说意味着要承担更大的健康风险。朱山曾半开玩笑地跟常立律师所同事们说过："我是你们在西藏的代表，一定会保质保量完成工作，不给律所以及常州、江苏律协丢脸。"

未结的案件中就有藏族村民扎西请求朱山办的自诉案件，朱山突发疾病住院时，扎西知道后是泪流满目，从桑日县赶到山南市人民医院看望朱山，扎西动情地说："他是为了我们才留下的啊！他不光不收一分钱，还帮我们付了几千元的诉讼费。"

在朱山被转到常州治疗后，身体稍有恢复，就惦记起桑日县未结的案子。江措的离婚案、卓玛的调解案，还有那件工地上的劳动纠纷案不知进展得怎样了？他想念着桑日县司法局共同战斗的同伴，也想念着他曾经帮助过的藏族同胞那一张张纯朴的笑脸。他记得当自己为他们办结了案子，讨回了公道时，他们会趁朱山不在意时偷偷塞给他一包当地最好的"天下河"香烟，朱山追上去，他们却一溜烟跑远了。他收到的藏族同胞送的哈达就有三四十条、锦旗好几面。这份纯真的情谊一直温暖着朱山的心。

朱山说道："藏民真淳朴啊，为藏民服务拼也值！如果身体条件允许，我依然会做志愿律师，依然会奔赴西藏，战斗在法律援藏的岗位上！"

常州市司法局局长张加林如是评价朱山："朱山是我们常州律师的优秀模范和杰出代表，他无论是执业还是援藏，甚至病重时都心系群众利益，他身体力行执着地把法治种子撒播在了藏族同胞以及每一位当事人心里。他扶贫济弱、无私奉献的精神值得我们所有人弘扬和学习。"

朱山却说，是法律援助事业使他找到了人生的坐标，是法律援助点亮了他人生的红烛。

第十四章　为弱势群众做实事

江苏省法律援助基金会成立的时候，江苏省相关部门提供了 500 万元开办资金。虽说基金会只是法律援助资金的一个补充渠道，但 500 万对每年办理数万件法律援助案件的大省来说只能是杯水车薪，远远不够。

　　王霞林说："为了增强基金会的保障能力，基金会就需要增加资金，需要企业家和社会各组织的慷慨解囊。"

　　王霞林身体力行，到基金会工作以后，将自己的人脉关系梳理一遍，有时晚上都在家里打电话劝人募捐，每个月的电话费增加到 500 多元，从没向基金会报销过。

　　说起募捐的往事，王霞林满脸带笑，仿佛是一种享受。他说："我有时为动员一个企业，先后跑七八次，即使受人气，受人骂，也要坚持到底。记得我去波司登集团找董事长高德康，就直接到他办公室跟他聊天，把法律援助的作用跟他细说，讲怎么帮受援人打官司的。他听了以后说，王主任，我其他基金会不参加，就参加你的，当场在办公室签下捐助协议！当然我们也给他们企业做宣传，能给的回报尽量给，当时电视台也跟着服务，我还托朋友在媒体上为他们企业做了广告。《江苏省法律援助条例》颁布 10 周年的时候，他又打电话来了，主动表示再捐 50 万元。"

　　为了法律援助事业放下身段去向企业募捐，这位善良的老人内心充满快乐。

　　他继续说："上海现任基汇资本住宅开发平台董事、总经理孔德辉曾经给我们捐赠 250 万元，他经常与我通电话，我们成了很好的朋友，他是泰州人，上海发家的，但有一颗回报家乡的心。还有中烟公司、交通控股等公司的董事长，都给过我们捐赠，还帮我们出主意、想办法。当地建高速公路时先捐了 180 万元，后来又捐了 100 万元，还有新城房地产、中地房地产，每家给了 150 万元。2007 年，我上任的第一年，年底会计告诉我，半年就募集了 1000 万元资金，就凭我这个老面子啊！

我跟企业家打交道，一方面是交朋友，另一方面也会给他们提一些好的建议，广达铁路工程集团，他们给我们捐了不少钱，我们也尽可能给他们一些回报。比如在《新华日报》的第一版帮他们发了新闻，当时新华日报社的负责人说这个第一版都是报道省委书记和省长的新闻呢，我说服他们，说这个集团建造铁路1000公里，把铁路修到了内蒙古、贵州，很不简单呐！这样的企业你不表扬一下？广达的老总很感激，后来又捐了25万元。还有很多的民营企业都对我们非常支持，从今世缘到洋河集团，从江苏银行到交通银行，这些都给过我们捐助，中烟公司我亲自去了两趟，他们总经理说捐助要向总公司报告，报到北京给批了99万元。还有连云港康元集团老总，在吃饭时就答应给我们捐赠50万元，一个礼拜到账。许多在任领导干部也都帮助我们，给当地的企业家们说，老同志做法律援助这样的好事，企业家应该支持，某某企业捐赠了，你们这么大的企业不捐吗？某个世界500强的企业老总听了这话，立刻打电话给我，说你们基金会给个账号，我们企业给你们捐100万！"

说起这些捐助的企业，王理事长如数家珍。

"除了企业和企业家的捐赠，江苏很多发达的县市政府也主动给我们捐过款，海门、盐城、昆山、江阴等都给了50万—100万元不等的捐助。我们还以专项资金方式发起募捐，比如长信妇女儿童专项基金、未成年人法律援助专项基金等等。有些是政府基金，有些是企业发起，我们也号召企业家发达起来不要忘记慈善，企业家情系群众，爱心企业家捐赠有利于企业社会形象。我原来的计划是一年募集资金1000万元，结果从2007年到2015年，8年就完成了1.17亿元，基金会有资金就好办事了，讲话好讲。我是拼着一条老命也要为受援对象服务到位。我们半年办案就累计4670件，10.4万人受益，占到全省受援人数的31%，其中，农民工占82%，案例中最多的是劳动报酬纠纷、工伤损害赔偿、交通事故，这3种案例类型最为突出，还有人身损害、婚姻家庭、未成年人和老年人权益保护、土地承包、拆迁补偿、环境防治等等。"

说起这些，王理事长脸上泛着红光。

他继续说："我跟企业打交道有一个原则，不参加请客吃饭等乱七八糟与工作无关的事情，更不会接受他们除捐赠之外给予我个人的财物。以前去某个企业，一个企业给了我5000元的卡，起初我不知道，第二天随行人员告诉我后，我立即让他们退还，并严格规定，今后这个坚决不能要。我们基金会工作是在给社会做奉献，不会为了搞关系去送钱送卡，就连我们职工自己需要福利，很多时候也是我自己花钱。2014年我带着基金会几位同志到云南开会，这几位基金会同事没有去过云南，我说我第二天就走，你们去游览一下玉龙雪山，去一下石林，你们过去没来过，以后可能机会也不多，旅游费用我给你们出。等他们回来以后，我跟会计讲，他们旅游的钱一律不许报销，不许破这个例。他们买的2000元的普洱茶、8000元的旅游费，都由我个人给他们出钱。这样做的好处是一点儿后顾之忧都没有，很多基金会一弄就出问题，问题就出在对自己人要求不够严格……"

那天在基金会会议室，望着面前这位熟悉的老领导，听他讲述基金会的往事，我内心颇多感慨。后来在同一些机关的同志闲谈中谈起王霞林，大家也是像说着一个传奇。试想，一个省级领导，退休后为了社会的公平正义事业，把自己的老关系全部动用了一遍，8年间将一个500万元开办费的法援基金会增值到一个多亿，而自己费力劳神还贴钱，说给你听，你相信吗？可这就是事实！8年前他初到基金会时腰板挺直，而8年下来，他的背明显驼了，走路步子明显迟缓沉重，然而他仍然一步一个脚印乐观前行！

后来我和青年作家胥容菲去江宁某小区拜访基金会原常务副理事长吴晶，闲聊中谈起了王霞林。

吴晶说："我跟王霞林主任在徐州时候就认识了，跟他熟悉起来还是因为一个作家周梅森。周梅森最近很火啊，他编剧的《人民的名义》不正在热播嘛。1990年初，他还写了一部电视剧叫《人间正道》，你们应该看过吧，当年很有影响力啊。这部电视剧就是王霞林主任做江苏省委宣传部部长的时候拍板推出来的。有意思的是，周梅森就是徐州贾汪人，喜欢用他那作家的眼光观察生活，搜集素材，有了不少感触，写了不少剧本。都说艺术是来源于生活且高于生活，周梅森的剧本当然也不例外，他曾经在徐州市政府部门工作过一段时间，然后以这些素材为骨架，再在他的小说里加以润色，让故事更跌宕起伏，更有戏剧冲突性，主题更鲜明。"

"周梅森这个剧本写了以后吧，徐州不少党政领导都很不高兴，总觉得他在剧本里面描写的那些贪官阻碍改革、不顾老百姓死活等等，都是在肆无忌惮地影射徐州官场，不利于团结，这个剧本不应该拍成电视剧。所以，市里几位主要领导在王霞林面前提过几次。但王霞林主任跟他们想法不同。那次正好省里开人代会，开会间隙王霞林主任拿着那个电视剧剧本来找我了，因为那时我在徐州担任市委副书记。他说：'这个本子在你们徐州好像大家意见都很大嘛，你来帮我看看，把把关，就从一个电视剧的角度看看好不好，咱们对事不对人哦！'一共开了5天人代会，我休息时间就一直在看那个厚厚的剧本，看完剧本后给我的感觉吧，很多事情都类似徐州发生的事情，但事实肯定不太一样，故事人物呢，你非要对号入座的话也似乎能对上号，但不对号入座也没有关系。我跟王霞林主任表达了这个意思，说故事肯定是个好故事，拍成电视剧肯定会受欢迎，不怕没收视率。身正不怕影子斜，如果有人非要对号入座我们也没办法。王霞林非常高兴，说：'好，有你这句话我就放心了。'"

吴晶说，这是他与王霞林主任的初次深入交谈，以前虽见面认识，并没深入交往。

我们问吴晶，为什么王霞林会找你来给这个剧本把关？吴晶说：

"也许是因为我没有跟他讲过这个剧本的坏话吧！"我们又问既然这个剧本是以徐州官场为写作原型的，那当时你也是徐州官场的核心人物之一，就没有一些担心？吴晶哈哈大笑起来，说："我没看出来周梅森有写我啊！"这份爽朗的笑声与一句"没看出来"，恰恰反映出吴晶的光明磊落，平日不做亏心事，半夜不怕鬼敲门，只要堂堂正正做官，全心全意为人民服务，管它外界风吹草动也好，风声鹤唳也罢，跟自己又有什么关系呢？外部世界从某种意义上说，恰恰是内心的反映。

吴晶说："周梅森的片子拍成了，社会反响非常好，还得到了中宣部领导的肯定。"

吴晶与王霞林因《人间正道》而结缘，这两位走在人间正道的干部，可能没想到若干年后，他们会再次并肩作战。

吴晶再次跟王霞林有交集，就是在省人大工作期间，王霞林任省人大常委会副主任，吴晶在省人大法制委任主任，这时两人都有了法律工作背景。

吴晶回忆说："2007 年的时候，王主任去搞法律援助基金会了，见我快退休了，就跑来给我做工作，说我们基金会不能没有领导和组织机构，我了解你的组织能力，你来吧，我们一起为社会做点事情，也当帮我一个忙。我当时内心是愿意的，一方面我跟王主任有这个交情，不能拒绝，另一方面觉得家里也没什么事，从工作岗位上退下来再上上班做点事，这样对人生也起一个缓冲作用嘛。可以说，当时我那个思想境界没有王霞林主任那么高，直到后来，具体做了很多事情以后，才真正感觉到法律援助工作还是蛮有意义的！8 年时间，我们天天为老百姓和那些被逼到绝路的弱势群体做好事，真是功德无量的。"

"首先是王霞林主任的精神感染了我，他在基金会完全是奉献，尽义务。8 年时间，他把自己所有的人脉关系都用遍了，就为了给基金会募捐。我在 1990 年做徐州市委副书记时也是分管政法的，对法律援助有一定的认识了解，但因为那个时候大多数抓的都是宏观工作，什么乡镇、政法、党建、意识形态、宣传统战等都管，非常忙，大多对口的都是政府各个部门。现在到了基金会，对口的都是一个一个活生生的案例。王主任工作抓得很紧，基金会工作和人大工作不一样，我上午下午都去上班，有十几个人要管。司法厅分派给我们4个在职的公务员，我们还聘用了1个，加上五六个老同志，工作日我每天都去上班。基金会主要的工作就是下面案子报过来审批，我们来听，一个一个案子来听，来筛选，一个一个过堂，这些工作要连续好几天。把我们募集来的资金，这个案子资助点，那个案子资助点，力争把好钢用在刀刃上。"

"在基金会这几年，我和王主任在省内跑，在全国各地跑，也在不断地思考，真的好像心灵得到净化，境界也跟着提升了。尽管没有拿自己的钱，但通过我们的募集，把募集来的钱送到需要帮助的人手里，赠人玫瑰手有余香。这份工作，真的很充实。"

我们正听得入神，吴晶却突然顿了一下说："哎呀，你们别光听我说啊，喝点茶，吃点香蕉！"这位慈祥的老人还给我们端来一盘沙塘桔，剥皮给我们吃，很甜。他说："你们先吃点茶点，我待会儿给你们讲讲基金会工作的重头戏——要钱。对我们来说，最难是筹钱啊！王霞林主任大会讲、小会说，作为一个法援志愿者，要乐为百姓解忧难嘛！做基金会，倘若筹不来钱，还怎么帮助弱势群体，怎么把工作做下去啊？"

坐在吴晶家中简洁舒适的客厅内，我们海阔天空，敞开心扉，没有顾忌。

谈到基金会筹钱这个话题，吴晶主任的神色没有了刚才的那种轻松，脸上露出的表情有一种腼腆、不好意思和难为情。我相信，以他表现出来的性格特质，温文尔雅、谦虚谨慎、低调内敛，一看就不太像那种风风火火闯九州的江湖人士。在我们平常人的认知里，筹钱这种事，貌似不是一个文人气十足的干部应该做的事，负责筹钱的人，怎么也应该是热情似火，呼朋引伴无有不从的那种人吧。偏偏，王霞林和吴晶趣味相投，都是文质彬彬的理论型干部，两袖清风一身正气的干部，都到了退休颐养天年的时候，竟然要放低身段，抹下面子，甩开清高，为法律援助基金会四处求人，何必？何苦？

"法律援助基金会要正常运行必须要有资金，资金哪里来？关键就是募集。8 年时间，我们第一届理事会募集到一亿几千万资金了，不容易啊！这些资金大部分是王霞林主任依靠自己的威望和人品募集来的，当然我也募集了一部分。"

谈到筹钱的往事，渐入佳境后，吴晶主任显得兴奋起来。

"这个筹钱啊，基本是靠个人的关系，如果你之前在社会上没有一定的声望，的确很难筹到。我以前在徐州工作过嘛，不少老部下，碍于面子不好意思就捐钱了。比如徐州广达铁路工程集团，原先是乡镇的一个民营企业，我在徐州做市委副书记分管乡镇企业时，县里要把这个企业收归国有，我了解到这个情况后跟他们县里的局长谈，县里说这个企业规模不大，税收交很少，我说一个民营企业，能盈利就是好企业了，你应该帮助他们做大呀，做大了税不就交得多了吗？县领导听了我的建议，广达铁路集团被保留了下来，现在成了全国最大的一家民营铁路二级工程公司，管着包头到内蒙古一千多公里的铁路保养维修，有几十个亿的资产了吧，他们董事长胡传业也因此跟我有了点交情，这位董事长很有意思啊，非常朴素，每天戴着一个鸭舌帽，穿着一套运动服，打扮得像个老农民。家里摆设也非常简单，但他曾经资助了沛县的所有孤儿，企业初创时期也是九死一生，传奇故事太多了。凭着以前的交情，我打电话向他寻求支持的时候，他一口就答应了给我们 50 万，后来又给了两个 50 万，共 150 万元。"

"还有中国移动江苏分公司，他们老总的父亲和我一起共过事，算是旧相识，当我去他那里募集的时候，他听我说是给法律援助募捐，就没有推却，说社会公益事业，事关公平正义，必须支持！让我们基金会给他们企业写个信函。王主任就写了一封劝募信，请予以支持。他们就捐赠了。他们确实是真心帮忙，这种事如果想推掉，太容易找理由了，比如说我们今年的慈善募捐计划已经满了，或者说我做不了主，这么大金额都要申请北京总公司批的等等，若真不想捐，一句话就能把你挡掉了。徐工集团跟江苏移动情况差不多，也是要求出个劝募函，就捐赠了我们100万元。"

"不仅仅是为基金会筹钱，还要想办法为筹来的钱保值增值。我是南通海门人，我曾经找了海门市委的蒋荣副书记，说我们基金会有点钱，能不能放到你那边保值增值？蒋书记说行，你放过来3000万，我们一年给你们360万的利息，相当于年利12%啊！我们很高兴，王霞林主任知道了也很高兴。后来不知怎么给海门的市委曹书记知道，听说每年给我们这么高的利息吓了一跳，打电话给蒋荣，说12%太高了，要降下来。蒋荣来找我，说为了你们的事，他被一把手批评了，我连连道歉，说不好意思啊！王主任就打电话给曹书记，说这是法律援助募集的资金，帮助穷人打官司的。曹书记一听，当场表示，法律援助事业要支持！年利12%的标准不变！"

"虽然已经募集到这么多了，新一届理事会还在继续做募集的工作，因为我们当年资助的案子不超过全省的10%，资助人数30%左右。大多数资助的都是大案子和疑难案子。基金会只有募集到更多的钱，才能援助更多的案子，全省那么多弱势群体，案子还有这么多呢，我们希望最终的结果是应援尽援，目前距离这个目标还有很长的路要走。"

听着吴晶主任回忆募集资金的过程，我内心感触颇深，真诚地对吴主任说："现在有些干部都是利用自身的权势地位往自己口袋里捞钱，你和王霞林主任等人是用尽人情和关系给基金会筹钱，实际上是帮老百姓要钱！这种干部现在太少了。这使我回忆起一件往事，1990年初，我刚从部队转业时跟着我们司法厅的一个处长到如皋出差，临离开的时候，如皋的同志给我们一人准备了一袋当地特产萝卜干，放到了车子上。处长知道后，大发脾气，非常严厉地对我说：'怎么能收下属单位的东西呢？赶紧给人送回去！'当时我真是很尴尬，不就两袋萝卜干而已嘛，送回去人家还以为是嫌送的少呢！你看，我们党上世纪90年代还有这样的干部！"吴晶听了哈哈大笑，笑过后神情又认真起来，他说："上世纪70年代、80年代这种干部不罕见！别的不讲，我在徐州当常委、组织部部长那么多年，经手提拔了那么多干部，从来都没有人请我吃过一次饭，更没有跑官要官的。记得1983年，我在建湖县担任县委副书记时，上级机关派人来学习，我骑着自行车把他们的行李拉到我们家的，老婆做菜给他们吃。我在徐州当部长助理和副部长的时候都没有专车，直到当了组织部部长才配了一辆老上海。"

回忆起这些往事，吴晶止不住咯咯地笑起来，笑得那么灿烂。

我们的话题又回到王霞林身上，吴晶说："外面人不太知道，王主任自己家庭也有蛮多困难的。他爱人是1937年生人，为党工作多年，现在患有老年痴呆症，其他人都不认识了，孩子都不认识，就只认识王霞林一个人。王主任天天照顾她，帮她擦洗、喂饭。家里还带着一个小外孙。家里难事一大堆，他还天天操心老百姓的事，这样的领导干部绝对是少有的。他这种敬业精神也绝对是少有的。王主任吃饭不喝酒，没有一点私心杂念，没有一点名利的需求，他当省委常委、宣传部部长那么多年，还要什么名啊？像他这种境界，不是一般人可以企及的。"

"王主任对待公家的事情持之以恒地做，从来没让我们给他办过一次私事，比如说外面来了客人，让基金会给安排一桌饭之类的，从来没有！他从来没有动用基金会的钱招待过一次朋友，我们的账目管理是透明的，就是打造'玻璃钱柜'，每一分钱都要用到最困难群众身上。用最小的筹资成本，最小的办案成本，资助最困难的群众。要实现我们募集资金的利益最大化，就是全部用到困难群众身上。记得上海的孔德辉总经理来参加理事会，正好到了饭点，我们就到了司法厅对面的一个小饭店，点了一点菜。那么多年，从没有因为接待客户安排过一大桌菜，所以说这些年我也跟着王主任学了很多，基金会之所以能够发展壮大，取得成绩，与王主任的身体力行，言传身教，有很大的关系。"

"当然，除了王主任带了个好头，我们基金会还有个好班子。陈尚明、颜乾虎都想尽量把自己的能力发挥出来，非常有社会爱心。还有那些年轻人，都是以司法厅名义招来的研究生，有学法律的，也有学中文的。我们整个团队成员在一起建立了一个好的制度，包括财务管理办法，也包括我们政治学习等等，整个机构运行的很平稳，很健康，民政部给了个 5A 的社会组织评级，能拿到这个评级不容易。另外，基金会有很好的理念，有鼓舞人心的力量，用现在的时髦话讲，充满正能量！"

吴晶夫人亲自下厨做了一桌菜，请我们留在他家吃饭，我们边吃边聊。

吴晶说："法律援助在我们国家实际上是起步比较晚的。我记得2000 年左右，王主任在人大做副主任分管立法这一块时，制定了江苏省法律援助条例，2007 年条例又做了修订，增加了建立法律援助基金会条款。由于这项制度起步比较晚，什么叫法律援助，通过什么渠道能申请法律援助，老百姓知道的很少。我们是先于全国立法的，是具有超前思维的。幸运的是有好的领导，好的班子，才能把基金会做好做强，成了全国法律界最大的一个地方基金会。做好基金会不是目的，目的是为了体现国家进步和公平正义，如果这个社会只追求经济发展，没有公平公正的社会基础，这个社会还是有缺陷，人民还是不会幸福……"

我忽然想起《礼记·孔子闲居》中的一句话：天无私覆，地无私载，日月无私照。奉斯三者以劳天下，此之谓三无私。

一缕正午的阳光透过窗户射进屋内，把室内照得通亮。

第十五章

胡传业：我也曾是农民工

那天坐在吴晶家的饭桌边，我和小胥一边吃着吴晶夫人精心烹调的饭菜，一边和吴晶主任漫谈着法律援助基金会的往事。

听着吴晶主任的描述，我们对徐州广达铁路工程集团的胡董事长产生了极大兴趣，很想见见这位第一个给基金会捐款的民营企业家，吴晶主任热情地帮我们联系，他说，这样的企业家值得宣传啊！

去徐州之前，我想先了解了一下胡传业的基本情况，晚上回家打开网页，首先搜到的是凤凰财经网的一段文字：

胡传业，江苏沛县人，先后被评为省市优秀共产党员、明星企业家、劳动模范、关爱员工优秀民营企业家、爱心捐助先进个人、徐州市慈善事业贡献奖和江苏省优秀中国特色社会主义事业建设者。

企业先后获得省市先进企业、明星企业、双关双爱先进企业、光彩之星、慈善之星等荣誉。

我不禁在心里对他肃然起敬，他给我的第一印象不是"资产""财富"，而是"关爱""爱心""慈善"等字眼。这正是先前那些拖欠农民工工资的黑心企业主所缺乏的。

2018年元旦过后，还有半个月就要过春节了，我和小胥踏上了前往徐州的高铁。

临上车前我联系了胡总，告知了我们的行程，他说他早上才从包头回到徐州，他会让司机去徐州火车站等候我们。下车后，果然看到了接站的司机。

广达集团位于徐州市解放路256号。进了大门，是两栋连体的三层楼房，灰色的外立面，古朴庄重，正门圆形的白色拱门上，挂着6只红彤彤的灯笼，颇有些中国风的苏州园林格调。有意思的是，虽然大门口的牌子上写着"广达铁路工程集团"的金字，但在主楼的楼顶，却赫然立着"广达武馆"的巨幅招牌。进门后更让我们有些摸不着头脑，原来这一楼大厅，并没有一般企业常设的前台，而是一个大型武馆，地面铺着软垫，四周摆满了各种健身练武器械，中央的悬梁上挂着大型拳击沙袋，墙面上贴着武馆教练和泰国拳王的照片，还有广达武馆学员们的练武照片。这让我们很是疑惑，这广达集团是做铁路还是做武馆？看我们疑惑的眼神，下楼来接的广达办公室主任告诉我们："这一楼确实是一座武馆，是徐州市武术家协会的训练场所。胡董事长所在的沛县是武术之乡，因而他对武术情有独钟，从小耳濡目染，略会三拳两脚。前几年，拿下这座广达大厦后，就把一楼免费给市武术家协会做武馆用，碰上武馆经费紧张时，还给武馆拨款，用于培养武术人才。不仅如此，董事长还要求在集团上班的员工，每天晨会之前都要统一在武馆练习半小时武术，这也是胡总的一片苦心，我们工程人常年在外面奔波，风餐露宿的，如果没有一个强健的身体，怎么能把工作做好，遇到危险时又该怎么自处呢？"

办公室主任的介绍，让我们充满期待，胡传业董事长会不会也是一个深藏民间的武林高手呢？

办公室主任将我们带到三楼，胡传业董事长早早就等在楼梯口了，只见他穿了一件红黑相间的冲锋衣，头戴一顶鸭舌帽，脚蹬一双运动鞋。单看这身装备倒像个有武术根底的老者，但穿在胡总那瘦削的身上总觉得有些尴尬，这一身打扮，怎么看都像个老农民。

胡总并不避讳，当天晚饭时在餐桌上，他自己说故事调侃自己。

"跟我住在一个小区的有一位部队师长，一开始他不认识我，饭后散步时我们两人经常在小区碰到，他起初以为我是物业工作人员，后来知道了我的身份，就跟我开玩笑说：'胡总啊，我怎么看也看不出你是个亿万富翁啊！''那我像什么？''前面看你是个烧锅炉的，后面看你还是个烧锅炉的，左看右看你就是个烧锅炉的。'"

他说完，自己先笑了，笑得很惬意。

看着我们吃菜，他没有动筷子，又讲了他到广州出差遇到的一件尴尬事。

"一次，我一个人到广州出差，在火车站旁边的一个面馆里坐着休息，因为不饿，就点了一份小菜，坐在那里一边喝开水，一边慢慢吃。不一会儿，对面两个吃面的小伙子吃完饭准备离开了，他们点了三大碗面，还有一碗没吃，小伙子十分好意地把面条推到我面前，诚恳地说：'大爷，这碗面送给你啦，别嫌脏啊，我们没碰过，您好好吃个饱饭啊！'"

听他说完，我们一齐笑了起来。

他笑得更欢，而且来了兴致，说再讲一个吧！

"我平时上班不要司机接送，出门都拿着一张老人卡，挎着这个15块钱买的包坐公交车。有次早上要开会，恰好司机有事，我就打了个的到公司，路费8元。到公司门口，下车时我给了司机10元钱，司机没有零钱找，我对司机说算了吧，零钱不要了，已经比我自己开车省钱了。司机听我说完，回头望望我哈的笑一声，说：'大爷，你还有车？'我说：'怎么没车啊？那不在院子里吗！'司机望望，公司院子里停着我的那辆沃尔沃。司机摇摇头，他不相信，以为我这个老头在吹牛。我说：'怎么，不信？不信你下车问问呐！'这司机也犟，还真的下车去问门口的保安：'刚才进去的那老头说你们院子里这辆沃尔沃是他的？'保安说：'没错啊，别说那辆沃尔沃，就连院子里的大楼也是他的呀！'司机皱皱眉头：'真的假的啊！怎么像个看大门的呢？'车开出去一阵还回头望……"

这故事把我们笑得前仰后合，这次他却没笑，夹口菜又说："再说一个，这个和前面的不一样。我有个远房亲戚带儿子到我家来做客，他儿子看上了我的一副太阳镜，那是我在工地上戴的，防太阳晒。他就问我，能不能把这副眼镜送给他呀？我说行啊，看上就拿去。亲戚儿子得到太阳镜如获至宝，天天戴着它，逢人便说：'你看我这副眼镜，是谁谁送给我的，亿万富翁戴的呀！'别人一听，很惊奇的样子：'啊，那要几千块吧！'其实，我的太阳镜都是花 10 块钱在地摊上买来的。"

说完，胡总哈哈笑了起来，皱纹里都藏着笑。

胡总就是这么质朴的一个人。

现在回到初见面时。

在楼梯口他热情地伸出手，说着作家老师辛苦了，把我们领进他的办公室。

办公室很大，七八十平方米左右，硕大的办公桌后面有个书架。书架上摆有不少精装书籍，细看下，有《资治通鉴》《中华颂》《徐州文史资料集萃》等。办公桌正对的墙边摆有一个硕大的鱼缸，鱼缸里游弋着不少金贵的热带鱼，透过鱼缸能看到"海纳百川"的背景字样，鱼缸上方墙壁上，挂着一幅书法作品，内容是毛主席诗词《七律·长征》，"红军不怕远征难，万水千山只等闲……"这装饰风格很符合胡总这样1940 年出生的创业者的经历和性格。

寒暄过后，胡总要带我们参观一下他的广达集团。首先是广达的荣誉室，这是胡总的骄傲，各种奖状、锦旗、奖牌载满四面的墙壁，间或是广达的历史变迁示意图和各种珍贵的历史照片。踏进这间屋子，可以非常直观地感受到广达集团的企业文化与历史风貌，这不是一个"风口上"的暴富企业，它是踩着历史的车辙，一步一个脚印，一步一个台阶走到今天的！

办公室走廊对面的一排房间是胡总的收藏室，门一打开，琳琅满目的宝贝惊呆了我们的神经，各种玉雕、石雕、木雕、珊瑚、金矿石、蒙古刀……令人目不暇接，最有意思的是那一桌满汉全席，猪肘肥腻，青菜碧绿，仿佛飘着香味儿，仔细一看却全都是石头做成的摆件。墙上也挂有各种字画。

随后，胡总带我们来到了他的小茶室和休息室，墙壁上挂着不知什么人书写的"佛"字，靠墙一张方桌上摆放着茶器，贴墙摆着胡总已故父母的遗像，墙角是一张一米多宽的铁丝床，床上被褥的花纹是蓝绿格格，床单是粗布。这么多不同的格调混糅掺杂在一起，呈现出的是胡总的随性与简朴。虽然已是亿万富豪，但与生俱来的质朴随处可见，深入骨髓。

吃过中饭，胡总没有休息，在会议室和我们聊起了"正事"。

说到和江苏法律援助的结缘自然离不开吴晶。

胡传业说："我跟江苏省法律援助基金会结缘是因为吴晶主任，早些年他在我们徐州当市委副书记。认识他是在1984年，他那时是徐州市委组织部副部长，带着我们乡镇企业的优秀党员到省里参加表彰会，当年他分管乡镇企业，对我们都很关照的。认识吴书记后，我看他为人很和善，那年过年的时候就带着几条鱼到他家去坐了坐，吴书记鱼是收下了，但回给了我几盒外国进口的巧克力，比鱼还贵！他这个人啊，从不白拿别人的东西，你给他送几条烟去吧，他一定要回给你几瓶酒。后来我下定决心，给他送了一万块钱，没想到第二天，他把钱换成卡，又给我送回来了！从那之后我就知道了，不能想着给吴书记送礼了，好好干工作就行。这么多年，吴书记给我们的只有帮助，从来都没有要求我们做过什么。"

"这次他退休后到了江苏省法律援助基金会，为了给弱势群体打官司搞募捐，打电话给我，我很感动，吴书记没忘了我。吴主任说得很客气，说在我们有能力、有闲钱的情况下，能支持就支持一点，不做强制性要求。但我心里有数的，这样有意义的事业，我们广达肯定要抢在前面去支持！法律援助基金会肩膀上挑的是社会责任，公平正义，让受援人受益，没有公平正义，社会就不会风平浪静，社会不安定，你就算当了富豪也没用。所以第一次我给基金会捐了50万元。"

正聊着，会议室的门开了，几个副总从外地工程项目上回来了，有不少问题要请示胡总，胡总领他们去了办公室，我们索性先在会议室休息一下。看着这位70岁的老人精神矍铄，全身心地投入到工作中，让人想起了曹操的"老骥伏枥，壮心不已"。在休息室，我和小胥发感慨说："看，这都70岁的人啦，还在事业的一线奋斗，我的不少退休同事，只能天天在家打牌看孙子呢。得向胡总学习啊！小车不倒只管推。"小胥说："胡总的精神头还像个小青年！"

向胡总请示工作的人都离去后，胡总又来到了会议室，接着刚才的话茬跟我们聊。他说："在吴晶主任的介绍下，我又认识了王霞林主任，那也是跟吴主任一样的好人啊！不为名不为利，不贪不占，那么大的干部，听说他家庭负担也挺重，还有那么强的责任心和担当精神，我从心里佩服！我去过江苏省法援基金会好几回，每次去他们都请我吃饭，每次吃饭都是在对面的一个小饭店，他们自己掏钱，从来不在法律援助基金会报销。他们退休的老同志在基金会工作，就是奉献，真不容易！他们图个啥呢？所以我后来又捐了两次，每次50万元，一共捐了150万元。"

听得出，胡传业起初给基金会捐款完全是冲着人去的，他被王霞林主任和吴晶主任的人格魅力所感动，后来，他认识到了法律援助事业的神圣，也成为一个自觉的法律援助志愿者。当然另一个原因就是胡传业本身是农民出身，而且是最早的农民工，法律援助向弱势群体伸出援手，帮助最多的是农民工，我想这大概是他捐款的另一个情感因素。

胡传业生于刘邦故里沛县葫芦村，家里有兄弟两人，他排行老二。1965年当了兵，1970年退伍回乡，正赶上文化大革命，到处闹哄哄的，停产闹革命。迫于生计，胡传业便到临近的安徽谋生，在那儿找到了人生中的第一份工作——在铁路上砸石子。由此开启了他的农民工生涯，不过那时还没有农民工的说法。

回忆自己那段最初的创业历史，胡总说自己是九死一生。

他说："过去的铁路都靠人工砸石子。砸石子是个苦力活，又脏又累，也挣不了几个钱，很少有人愿意干这样的活。我家里穷，从小吃苦吃惯了，加上年轻，又有点武术底子，就咬着牙坚持了下来。砸石子都是在外面的工地上，夏天太阳晒，冬天大风刮，不论刮风下雨，我都在那里埋头苦干，不分昼夜地干，异常辛苦，一年砸下来，我一个人砸了铺一公里长铁路的石子，创造了一般人不敢想象的纪录。在那一年里，我没理过发，也没洗过澡，头发长得遮住眼睛，只顾埋着头在那举着榔头砸石子，浑身灰尘，常被过往路人称为'疯子''乞丐''精神病'。"

"干了一年，权衡再三，我觉得光砸石子不是长久之计，便下定决心学习铁路工程的全面技术。那时铁路上没有现在的高科技，肯吃苦就行。所以，我什么活都干，铺枕木、铺铁轨，很快就熟悉了铁路上的种种门道。1973年我就回到家乡招兵买马，开始组建自己的工程队。在那个特殊的年代，外出打工属于不务正业，我原来所在的大队不给盖章，没办法只好找到砸石子的铁路段工区，通过关系以义安大队的名义成立了包工队。这支'地下包工队'靠在铁路上打零工为主，只能偷偷摸摸地接活，没有工棚，就在窑洞、桥洞里开会，尝遍人间冷暖，几经生死磨难。"

"一个夏天，在新合火车站，有一车生石灰要卸。当时恰逢阴雨天气，天低云暗，雷声隐隐，生石灰遇水即发生化学反应，一旦被雨淋会把整个车皮烧坏，且轨枕是油性材质，容易起火，情况十万火急。为了完成任务，我带头冲了上去，争分夺秒抢卸。结果卸到中途，下起了暴雨，生石灰急剧分化，冒起滚滚热气。工友们把我从车皮上架下来时，整条小腿的裤子已被石灰烫烂了。车皮和铁路保住了，我的腿上却留下了永久性的伤疤。"

"我知道铁路工程是个风险活，因而，我早就将生死置之度外，这样才能把队伍带起来。况且，铁路是国家高度垄断行业，不付出代价就想成功，那简直是天方夜谭。当我带的包工队逐渐走上正轨之时，一次交通事故差点带来灭顶之灾。一次，在为工人筹办生活费的途中，我遭遇了严重的车祸，下巴骨头断裂，耳膜破裂，血流不止，在医院昏迷4天4夜。消息传到包工队，许多工人以为我这个包工头要死了，于是树倒猢狲散，一夜之间，工人跑了一半。"

"我苏醒过来得到消息后，就挣扎着让我哥哥把我送到工地，我因为满头包着纱布，不能言语，就把想说的话写在本子上，让别人照着念。一旁的司务长见此情景，就到老乡家借了两个鸡蛋煮了碗蛋花汤端给我。当时，整个施工队喝的是没有营养的经济汤，就是用点盐、葱和清水烧成的汤。我于心不忍，把一碗蛋花汤倒在了大锅里。人心都是肉长的，大家伙非常感动，已经走的工人后来又陆续回来了，队伍慢慢恢复了元气，并逐渐壮大起来。"

胡总说着这些，我和小胥在一旁听得惊心动魄，他却面带笑容，如无事人一样。在那个特殊的年代，许多极左派以"姓资姓社"划线，胡总的地下包工队理所当然是"姓资"的，那需要多大的勇气和魄力，为了吃上一碗饱饭，胡传业冒的不仅是挨批挨斗的风险，而且是生命危险，带领乡亲们战斗在铁路线上，可以说这是最早一批的农民工。

20世纪80年代初，改革开放的春风吹来，私营企业渐露头角，胡传业的包工队也渐渐进入半公开半合法状态。胡传业把握住机会，于1988年正式注册成立了沛县铁路工程建筑公司。当年，京九铁路开建，在与众多施工队竞争中，胡传业凭借多年打拼积攒下的经验和人脉关系，成功拿下铁路工程建设的第一站——安徽亳州铁路工程。至此，胡传业带领的包工队由"地下"转到"地上"，用他自己的话说，是"游击队进城了"。

胡传业回忆："我带领的农民工队伍虽然看起来不像'正规军'，但个个都是农村苦出来的，都养成了拼命三郎的精神，别人不愿吃的苦，我们吃，别人看不上的活，我们干。没有技术就在实践中学习和摸索，渐渐地，工程越接越大，技术越练越强，队伍越来越精。你想，我们能在一个施工点上生存20多年，这在全国来讲几乎是没有的。我记得1988年冬天的一个傍晚，突然下起了雪，面对严寒和建设任务，我们的队伍冒着风雪上去了！"

再苦再累也不怕，这就是农民工的天然优势。

"我们广达人赚的都是辛苦钱啊！现在社会上为啥仇富？因为很多富人赚的钱来路不正，很多是靠着垄断和特殊资源一夜暴富，还有富二代利用靠山，官员利用腐败发财的，他们行贿受贿。这些人暴富之后吧，不是离婚就是赌博，不仅凸显了社会不公平，还带坏了社会风气，老百姓当然有意见！我们广达人，没搞过投机倒把，一不坑人二不骗人，靠流血流汗赚的钱，老百姓是不会仇视我们的。我从带包工队到做企业，48年了，拖欠工人工资的事从来没有过，工人安全的大小事故没发生过，我们做的工程没有任何不良记录，员工没有一个违纪犯法的，没有一个不孝顺的，没有一个不会点武术的，没有因为别人出事来调查过我，也没因为我调查过别人。咱们讲诚信，这就是立身之本！好多商学院让我去讲课，我说我没啥大道理好讲，就是别人不愿做的工程，我们去做了。我们做到了，就经得起历史的考验了。我们的企业每周坚持政治学习，坚持几十年，我们是这样生存下来的，面对社会站得住脚！"

胡传业就这样滔滔不绝地讲着，面带自豪和自信，这时的他不再像个老农民，而是一个企业的领导者，时代的见证者。

吴晶说过，法律援助基金会不是什么企业的钱都要，要看老板的人品，老板人品不好的企业给钱也不要。

　　胡传业说："民营企业家应该有所担当，国家的法治建设很多地方不健全，社会不公平随时可见，民营企业家应该支持国家的法治建设，促进社会公平。"

　　他面部表情严肃起来，接着说："很多人认为只有弱势群体才会遇到社会不公平的问题，但实际上，富人也会遇到，拿我自己来说，在创业过程中遇到的不公平待遇实在是太多了。我做企业48年了，在我身边，还没发现第二个坚持了48年的企业，如果这48年里我遇到了坎儿冲不出来，一样是个牺牲品。"

　　胡传业并非妄言。1980年，由吴晶带队，徐州有17位优秀乡镇企业家前往南京接受表彰，如今生存下来的只有广达铁路这一家。

　　胡传业举了发生在他身上的一个例子。

　　"就拿最近的一个例子来说吧，我们就遇到了一个不公平待遇。前几年，徐州某个国家机关进行了国有资产拍卖，拍卖一栋大楼，我们去举牌的。在我看来这就是花钱买东西，我付了钱，你把东西给我，就这么简单。但是我花了1000多万，钱都交到市财政去了，该纳的税也都缴了，两证都到手了，一切法律手续都齐全，可就是拿不到大楼。让人想不到的事发生了，某机关就是赖着不给我们这个资产，打电话不接，寄快递查无此人，申诉不受理，不跟你讲理，像个老赖。不公平就在这里了，面对强势机关，你一个民营企业能怎么样？鸡蛋能碰过石头吗？"

　　他无奈地摇摇头，继续说："我去省法律援助基金会时，同吴主任讲了这个事情，他说，你这事不公平，我们也给你援助援助。他们来回回跑了差不多100多趟，一直交涉到了北京某国家机关的上级部门才帮我们把房产拿到手。对付这种事情须有坚强的毅力，不坚持的话，一千多万就打水漂了。当然我们也知道，打工者比我们更困难，要讨回公道更不容易！所以，把钱捐给法律援助我愿意。"

亲身经历，字字心酸，中国的法治建设尚不完善，权力尚存在任性，权大于法、钱过于法、情重于法的事时有发生，实现公平正义任重道远，实现依法治国需要每个人的努力，法律援助无疑是通向公平正义的一条道路。

胡传业经历了困苦年代，骨子里节俭，有钱后也舍不得大手大脚，工作人员曾同我们闲聊，讲起胡总的家事。说胡总的儿子在广达集团工作，出差去包头按公司规定只能买硬卧火车票，有两次少当家买了软卧，胡传业知道后大发雷霆，说以后你再不按规定买票，就不要在广达集团工作了！之后，少当家再也没买过软卧，有次实在买不到硬卧了，就自己掏钱买了软卧，不敢到财务去报销。胡传业的太太也是一位十分节俭的女人，她是胡总口中"世界上最好的女人"，丈夫成了亿万富翁后，她依旧如前，每天出门蹬着一个三轮车，喜欢到工地上和小区里捡废品拿出去卖。我们向胡传业证实此事，胡传业并没否认，也没觉有甚不妥，而是点头夸赞老太婆："她呀，一辈子骑惯了三轮车，坐小车头就昏，一蹬三轮就精神！"这么节俭的一个老头，却愣是拿出 150 万元捐给法律援助基金会，可见他对法律援助寄予多大希望！

招待我们的中饭、晚饭都是在广达食堂吃的，食堂有自己的厨师，做的是徐州地道的土菜，晚上工作人员都下班了，几位副总轮流当服务员负责传菜倒酒，大家围坐一桌，无拘无束，插科打诨，有说有笑，其乐融融，很有一家人的感觉。第二天上午我们离开时，广达的办公室主任开车来送，带给我和小胥一人一大编织袋土特产，说是胡总特意嘱咐送的。里面有小米、核桃、葡萄干、牛肉干……足足有十几斤沉！小胥和我拎着大编织袋上了高铁，小胥开玩笑地说："老师，以前去企业采访，老板大都送给我丝巾和化妆品，我往挎包里一塞就可以了，胡总给了我们这样两个大编织袋，我拎着都费劲！"我笑着说："这就是胡总，知道啥叫苏北乡亲了吧？你看这多实在！"

第十六章

沙勇：有些东西比钱更贵重

沙勇和胡传业是截然不同的两种类型的民营企业家，人生阅历不同，思维方式不同，办事风格不同，仿佛生活在两个不同的时代里。

　　吴晶主任说："沙勇也是最早给基金会捐款的企业家之一。"

　　说起来，吴晶和沙勇的相识纯属巧合，当时吴晶陪同王霞林去南京一家企业做企业法律问题的调研，正巧总裁办公室内还有一位客人，总裁知道吴晶在徐州工作过，就指着这位客人对吴晶说："吴主任，我给你介绍一位徐州的老板，他可是不同凡响啊！"这个人就是沙勇。

　　"沙勇这个人，是有一些境界的，和一般的有钱人不一样。的确如那位总裁所说，不同凡响。"说起沙勇，吴晶忍不住点头赞叹，"他很年轻，以前在政府部门工作过，表现出色。后来下海，做企业也做得风生水起。最近啊，听说他企业也不做了，到南京邮电大学去任教，依然做得十分优秀。他是第一批资助法律援助基金会的企业家之一，你们可以采访他一下。"

　　怀着好奇，我在网上查找了沙勇的资料：

　　沙勇，出生于1974年10月，管理学博士、清华大学博士后、研究员、江苏省"333"第二层次培养人才。现任农工党江苏省委副主任委员、江苏省政协常委。曾荣获江苏省"五一"劳动奖章、江苏省优秀中国社会主义事业建设者等荣誉。他在南邮大主持学科的研究方向是人口老龄化、人口战略与区域治理，在社会企业研究领域有创新，在CSSCI检索期刊及核心期刊发表高质量学术论文20余篇，出版专著2部，分别获得江苏省第十二届、十三届哲学社会科学优秀成果三等奖、二等奖；主持国家级、省部级课题多项……

　　果然不同凡响，是位有料的人物！

　　等到和沙勇面对面，不禁拿他和先前见过面的胡传业相比较，一个带有毛泽东时代的明显印记，一个散发着新时代的强烈色彩。

　　不过令我疑惑的是，这样一个学者型人才，曾一度在企业界做得风生水起，业绩不俗。可是在他顺风顺水之际，为何又急流勇退，到大学去任教？其中必有故事！

按照和沙勇约定的时间地点，我起了个大早乘地铁2号线到仙林中心地铁站同小胥会合，而后去南邮。因春节临近，诸事皆忙，沙勇将见面地点定在南京仙林的南邮大校区，那天他在南邮大有个办公会。

仙林大学城位于江苏省南京市栖霞区西部、紫金山东麓，是江苏省发展高等教育产业的重点地区，至2018年，仙林大学城已有南师大、南邮大等12所高校入驻。南京邮电大学仙林校区坐落于文苑路9号，依山而建，地形开阔，建筑错落有致。小胥开车顺校园内道路绕到南邮社会人口学院，沙勇大步流星地从楼上下来迎接我们。小胥见他第一眼，竟"啊"了一声。我问小胥怎么啦？她轻声说："太帅了！"事后，小胥告诉我，她原以为一个大学的人口研究院院长应该是两鬓斑白、衣着朴素、步履稳健、老成持重，沙勇改变了她以往对学者的印象。感觉眼前这位院长真年轻！真有活力！身材高大，身形挺拔，衣着时髦，黑发浓密。也许因为保养得好，在他脸上竟然看不到一丝皱纹……小胥兴奋地谈着他对沙勇的第一印象。

沙勇带我们走进他的办公室。房间不大，很普通，只有一张办公桌，一张沙发，朴素的装修，墙角堆满书籍，完全是一副学院教师范儿，看不出一丝丝企业家的痕迹。

沙勇说他在南邮大兼任三个单位的一把手，社会与人口学院、人口研究院、人口干部培训中心。这间办公室除了学院开会，他很少来，办公主要是在人口研究院那边。

沙勇一边说，一边给我们倒了茶，我们就这样闲聊起来。

听说他是南邮三个单位的一把手，那岂不是很忙？他是怎样弹好钢琴的呢？

沙勇说："我的管理理念就是抓大放小，充分放权。我企业做到最大的时候我也就只管三四个人，把其他工作分给大家，权、钱都交给下面的人管，对属下充分信任。所以，跟我一起做事的伙伴都没有离职的，一做就是十几年。现在很多老板喜欢事必躬亲，大事小事都要管，这样不利于培养团队，也不利于养成自己与团队成员之间的信任关系。我经常跟下面人讲，不要总请示我，你要充分相信自己，放手去做事。其实，我信任他，放权给他，对他们来说也是一种压力，他们必须要做到最好，否则对不起我的信任，也害怕失去我对他们的信任。我记得有句话是这样说的：一等人口说为凭，二等人立字为凭，三等人说什么都不行。这就是说一个人的信誉保证。做什么事都要讲信誉、讲信用，这样你这个人本身就是一个保障，一张可信的名片。"

　　交流进行得很愉快，当然今天采访的主要话题自然是他和法律援助的结缘。

　　这个话题依然和吴晶有关。

　　"我年轻的时候在徐州市政府工作过，虽然没有跟吴晶书记共过事，但他无论在政府部门还是企业界都对他风评很好。"谈起吴晶，他仍然沿用早前的"书记"称呼。

　　"吴书记待人处事的方式很温和，见了谁都笑眯眯的，没有一点点架子，但他温和的同时却具有力量和智慧，润物细无声，能把很多难处理的矛盾化于无形之间，这是我特别佩服他的地方。虽然他是我们的老领导，但这么多年他从来都没有主动找过我们这些企业家办过任何私事。所以当我第一次接到他的电话，他建议我给江苏省法律援助基金会捐助的时候，我就毫不犹豫地答应了。"

　　"你那时还在企业？"

　　"对，那时我在德兰集团做董事长，不然哪来的钱？想给也没有啊！"

沙勇手一伸，笑了起来，笑容很灿烂。

"在吴书记的引荐下，我认识了基金会的王霞林主任，霞林主任跟你谈话，三句话离不开法律援助，所以我对基金会的理念有了更深刻的认识。霞林主任反复讲，成立法律援助基金会的目的就是要为打不起官司的弱势群体打官司，帮助基层群众增强法律意识，维护社会公平正义。这个基金会的成立在维护社会法治公平领域发挥着重要作用，理念十分超前！同王霞林主任交流是一件十分愉快的事，特别是他的一席话使我茅塞顿开，我相信他们这个基金会一定会运作成功，因为王霞林主任和吴晶书记都是那种品行和境界特别高的领导干部，我们捐给基金会的钱，他们不会拿去吃喝、拿去乱用。他们是拿去帮助弱势群体打官司，保障社会公平正义，这是一项很神圣的事业，散发着理想的光芒。我这个人是有点理想主义的，思想和王霞林主任、吴晶书记都很合拍。因而我一次就捐了150万。而且聘我担任基金会的副理事长。"

回忆起几年前给基金会捐款的事，沙勇记忆犹新。他说因为与基金会结缘，使他受益匪浅，更加认识到什么是社会责任和社会担当。

他回忆说："基金会每年开理事会的时候，都会向我们理事汇报一年工作，用一些鲜活的事例，来展示基金会在法律援助方面的工作成果，很多省领导都会列席参加。王霞林主任亲力亲为，对法律援助的每一个案例、每一个援助细节都了如指掌，我们在现场聆听都会被那种氛围感染，仿佛心灵也得到了净化，同时也对基金会这种把奉献做到极致的工作模式真心佩服，这种用心和严格管理的工作模式真应该在政府机关推广！我觉得王霞林主任和吴书记是我们的楷模，退休了还能如此全身心投入到社会公平正义的事业中，发挥自己的余热，利用自己的影响力去做有利于人民、有利于社会的事，可以说是政界的一股清流！"

说到王霞林等基金会的一些老领导，沙勇话语中充满着崇敬。

"后来，我邀请王霞林主任等基金会的老领导到我们企业调研，他们关注企业的发展，与我们的联系非常紧密，乐意与我们做朋友。我们曾经在连云港做过一个项目，合作方欠了我们很多钱，一直要不上来。在企业调研时，王主任知道了这事，主动写信给对方，帮我们解决了这个问题。我内心十分感激。当然，我知道基金会帮助我们主要是因为理在我们这边，我们是受害者。我们不会做让领导为难的事情，他们更不会因为私人交情帮你做违反公平正义的事情。所以给基金会捐钱，完全是冲着王霞林主任和吴晶书记这样的领导，把钱捐给这样的基金会，你心里会很踏实，知道他们会很负责地把这些钱用到该用的地方。"

　　沙勇说得很实在、很诚恳。

　　"你后来跳出企业做高校的院长，是不是也有基金会这些领导的影响？"我问。

　　"潜意识里或许也有吧？"沙勇没做肯定的回答。

　　"我这个人吧，对钱看得不是太重！"沙勇沉思着，"我曾跟王霞林主任探讨过这个问题，王主任说过这样一句话，在眼下的中国，只要拥有了3000万人民币就能开好车，住好房了，将来老了住高级疗养院，物质上也完全足够了。所以个人拥有了更多财富就要承担更多社会责任，就要多为这个社会做奉献。我觉得这句话很对。"

　　沙勇说到了他个人的成长经历，这是小胥特别爱听的。

　　沙勇说："我这个人吧，对待生活比较随意。我本科在苏州大学读的，硕士在南京大学，博士在河海大学，最后到清华大学拿了博士后。我27岁开始做企业，但当企业家从来都不是我的初心。我20多岁的时候在徐州市政府驻厦门办事处工作，后来政府要成立一个国企进行地产开发，就给我做工作让我去负责，我就去了。做了一段时间房地产之后，我有了经验就下海了，到南京成立了德兰集团，正好赶上了国家发展的好时候，在南京开发了金陵装饰城等300万平方米的商业地产。企业快速发展了 10 年，可以说收获了不少财富。"

他不说金钱，说财富。财富和金钱不同，有着更深邃的内涵和外延。小胥却一语道破："你成了年轻的亿万富翁！"

他笑着点点头，继续说："但我的理念是，企业不能跟政府争利，更不能跟人民争利，财富取之于社会，也应该回报给社会。所以有钱后我就开始思考一个问题，人要这么多钱干什么？就像前面王霞林主任说的，如果不是无节制地挥霍，人的一生做到衣食无忧，其实要不了多少钱。金钱再多也不能用来衡量一个人的全部社会价值，也和个人幸福无关，奥斯特洛夫斯基曾经说过这样一句话'人的一生应该是这样度过：当他回首往事的时候，他不因虚度年华而悔恨，也不因碌碌无为而羞耻；当他临死的时候，他能够说：我整个的生命和全部的精力，都已经献给了世界上最壮丽的事业——为人类的解放而进行的斗争。'这是那一代革命者的理想与情怀。我们做不到这样的境界，但我们可以追求高尚，过一种自己喜欢的生活。"

"你喜欢什么样的生活？"小胥问。

"我喜欢精神的自由！"沙勇肯定地回答。他继续顺着自己的思路往下讲着：

"我前面说过，我人生的理想并不是做一个企业家。我看到很多企业家做得非常累，而且会一直沉迷于追逐财富的数字，没有财富追逐财富，有了财富患得患失，我觉得没有必要。我曾经认识一个企业家，为了赚更多的钱，与政府争利，与官员互斗，最后和争斗的官员双双都进了监狱，只不过为了点钱，太想不开。我积累完后半生需要的财富后，就要追求我真正想要追求的东西。我想在有限的人生中做成几件事，不仅是拥有财富的自由，更重要的是追求心灵的自由，放飞心灵，追求自己喜欢的东西，并为这个社会做些有意义的好事。就像王霞林主任、吴晶书记那样！所以，在实现金钱自由之后，我反复询问了自己的内心，发现自己是真的不想做企业了，所以我把企业股份全部处理掉，来应聘做南邮大社会人口学院的院长。"

"真爽！"小胥有点兴奋地直呼！

"爽吧，我也觉得做院长比做企业的董事长爽，起码是在做自己喜欢的事，而且是干事业！我以前算个企业家，但做企业的压力是很大的，很多难处也不能回避，要同时面对政府的压力、社会的压力、员工的压力、客户的压力等等。我不想把我的人生一辈子都消耗在这些压力当中。我就是想做些自己喜欢的事情。比如我现在的工作，应聘到大学来做人文社科院的院长，研究人口老龄化、人口战略与区域治理，这些都是我们国家现阶段面临的难题，需要全新的方案去治理，我的目标是为解决这些问题提出好的方案，为国家政策的制订提供依据。我有一个目标，就是想把南邮大的人文社科院带到全国一流水平。"

沙勇沉浸在自己对未来美好的设想中，脸上满满的自信。他显然很为自己如今的事业而骄傲，拿出了自己的著作送给我们，一本绿皮的《人口发展与区域治理》，一本蓝皮的《中国社会企业研究》，厚厚的两大本巨著。细细翻看，这些数据翔实的鸿篇巨制确实花费了大量的时间与心思，更证实了这位企业家院长的治学初心。

我们不禁肃然起敬。

这样一位曾经的企业家给法律援助基金会捐款顺理成章，因为他乐于肩负起社会责任。

沙勇还有一句话也发人深省，他说他自己压根没想过出国移民，也建议他身边的企业家朋友不要移民。

他说："国外我也经常去，那边虽然法制完善、尊重个性、物质条件丰富，但人与人之间的联结是很冷漠的，大家都是自个儿顾自个儿，在那边吃得好，穿得好，但就是无法锻炼人的能力，养孩子就像养一只小猪。我建议身边的企业家朋友不要移民，还是中国好，中国是个人情社会，一个人要承担各种角色，就要担当各种责任，比较锻炼人。"

他还说到了健康。他说："我们南邮大有一位院长，不到 50 岁就脑溢血去世了，他为了工作，竟然 8 年都没有做过体检！这样的生活也不是我想要的。"

回城的路上，小胥反复和我说着她对沙勇的印象，觉得他的思想境界超越了他的年龄，更超越了某些民营企业家。她说："你不觉得沙勇和王霞林、吴晶他们很像吗？"没等我回答，她按照自己的思路说，"为了某种理想追求，甘于奉献，不求回报，他们享受的不是物质的奢华，而是精神的富有！也许他们就是新时代不忘初心的精英代表吧！"

我在脑海中回味着这个被美女作家崇拜的偶像，没有说话。

第十七章

创新的『宜兴模式』

"法援专职律师"是我在省法律援助基金会听到的一个新鲜模式，省法援基金会现任常务副理事长宋家新热情地向我介绍："这两年我们一直思考对援助案件的资助模式进行改革，如何激发案件资助款的蝶变效应，将以往的'事后资助'模式，逐步改变为'事前资助''单独资助'模式。2017年3月，经过多层次的考察，这个项目最终在宜兴落地，实践证明效果很好。你可以去宜兴看看。"

　　宋副理事长又说："基金会之所以这样做，是为了提高法援案件的办案质量，鼓励律师全身心投入办理的法援案件，不会因经费缺乏而导致减少办案热情。而从前的资助模式是，等律师办完案件后，基金会根据办案的结果来判定是否资助。那样做虽然资助的都是优秀案件，但同时面临一个问题，法援案件基本是公益性的，没有办案经费，导致部分社会律师为完成案件而完成案件，不能全身心投入，从而损害到部分当事人合法权益。甚至有的符合法律援助条件的当事人对援助律师说：'你不要免费，我给你钱，你帮我打赢官司就行！'他们担心法援律师应付差事啊！"

　　有没有这样的律师？肯定有！一棵树有高矮，一把尺有短长，因为是公益性质，有些大牌律师就不愿做法援案件，不只是大牌律师，就是有些年轻律师对法援案件也缺乏热情，他们也要生存，没有经费白忙活，当然不会全身心投入。因而影响到法援案件的办案质量，影响到法律援助的口碑。

　　所以，法援基金会一直在探索一条新路，由"事后资助"模式逐步改变为"事前资助""单独资助"，借以减轻办案律师的后顾之忧，实现法援案件的经费保障。

　　在这个当口，他们发现了宜兴法援中心的法援专职律师的模式。

　　省法援基金会数次去宜兴调研，认定这个模式的蓬勃生命力，两家一拍即合，基金会决定将首个法援项目落户宜兴。实施两年，效果果然大不同，宜兴法援中心收到受援人主动送来的感谢锦旗多达 26 面，这 26 面锦旗背后，有律师辛劳汗水的付出，有受援人对法律援助的认可。前文中提到的廖德安就是送锦旗的人之一。

宜兴的"法援专职律师"模式引发我的好奇心，我决定去宜兴实地看看。

2019 年 9 月 4 日，我乘上了去宜兴的高铁。

风驰电掣，9 点 50 分，在宜兴下车。

多年未到小城来，第一印象，高铁站建在大山里面，清新灵动，远离了城市的喧嚣，温馨恬静。

人们对宜兴的印象大多来自紫砂壶，我也不例外，宜兴是名副其实的"紫砂壶之乡"，顾景舟、蒋蓉、周桂珍等大师名满华夏，我手中就收藏了一把周桂珍的紫砂壶。而实际上宜兴不光出"紫砂壶大师"，还出艺术家、出教授、出高校校长、出院士。有人统计有 26 位院士、近 100 位高校校长、约 1 万名教授来自这座只有 100 多万人口的县级市。清华大学校长蒋南翔、北京大学校长周培源、南京大学首任校长潘菽、天津大学校长史绍熙、台湾大学校长虞兆中等人都是宜兴人，有着艺术界泰斗之称的徐悲鸿、吴冠中也是宜兴籍。因而，宜兴有着"中国院士第一县"之称，也有人把宜兴誉为"教授之乡"。

天空正下着小雨，空气里弥漫着草木的清香，市法援中心的美女主任梁艳来接。路上，我问起梁艳法援专职律师的事，她告诉我，所谓专职法援律师就是在宜兴法律援助中心服务的律师不能接其他社会收费案件，只能做法律援助案件。

这下我完全听明白了，就是宜兴的法援专职律师是专门办理法援案件的。这确实和别的地方的律师要求不一样。别的地方一般是法援中心接下法援案件后，指派给哪个律所，然后由律所指派某个律师办理，而这个律师同时可以办理其他的社会收费案件。

她又说："许多兄弟县区的同行都来宜兴学习过，但我们的经验很难推广，到现在全省只有少数几家在这样做。"

从高铁站到宜兴司法局路不远，梁艳将车停在院子里后，就把我带到了黄伟群律师的办公室。落座后，黄伟群告诉我，他原是法援中心主任，52岁时退居二线，现在是局里的法援专职律师，梁艳是接他的班。法律援助的宜兴模式就是在他手上搞起来的。

为什么要招律师专职做法援？黄伟群讲，当初宜兴也和其他地方一样，法援中心接下法援案件后，交由社会律所的律师办理，但在实践中遇到诸多问题，主要是办案质量不好把握。因为法律援助案件是免费的，群众的心理是，好货不便宜，便宜无好货，世上没有免费的午餐，因而对法律援助缺乏信任。法援中心作为法律援助案件的受理、管理单位和律师事务所不存在隶属关系，客观上难以管理到位。具体表现有几个难点。

一、质量控制难

衡量法律援助的成效，关键是看受援人满意不满意。原先分流指派的案件，分布于各个律师事务所、法律服务所，再由律师事务所、法律服务所指派给所里的律师或法律工作者。由于是无偿代理，有些律师和法律工作者便流于形式，走过场，调查取证不深入，不愿深挖细查，导致律师和受援人之间缺乏有效沟通，因为调查次数越多，花费的经费和精力就越大。有的律师忙于代理其他收费案件，对法援案件认真程度不够，引起受援人误解。甚至少数代理人私下收费或收受好处，把办案过程中发生的交通费等其他费用向受援人索取，使免费的法援成为有偿代理。因法援中心人手少，很难对指派案件进行全程监督。

二、案件指派难

随着低收入群体的法律意识、权利意识的增强，对法律援助的需求也不断上升。从 2008 年起，宜兴法援中心每年受理的法援案件都超过 1000 件，2016 年更是达到 1699 件，案件类型涉及劳动争议、工伤赔偿、交通事故、婚姻家庭等各个方面。而宜兴到 2017 年注册律师共有 222 名，注册法律服务工作者 159 名，如果指派每人办理 2 件法援案件，仅能完成 762 件。如果指派超过 2 件，有的律师就不愿办理。因为律师是自收自支，过多的指派难免不情愿。这种现象严重制约法援案件数量的增长，难以实现应援尽援。

三、补贴到位难

法律援助是解决困难群众的法律需求。但是用于法律援助的经费有限，要实现应援尽援有困难。2007 年宜兴市财政预算法律援助经费 40 万元，法援中心完成的法律援助案件为 544 件，按每件最低标准 800 元补助，则应支出 435200 元，超出了预算，因而每件只能补贴 500 元。2008 年后，每年案件都超过千件，财政经费更是入不敷出。如 2008 年法援中心完成援助案件 1011 件，按每件 800 元标准补贴，财政支出就要 80 多万元。

如何突破法援瓶颈，做到应援尽援，成为法援中心急需破解的难题。

黄伟群回忆："那时局长是许建良，这是个想干事儿的主，整天琢磨如何创新。"当时两人就坐在他这间办公室里，听完黄伟群的汇报，许建良说："能不能招聘两个人，法援中心自己办案呢？"一句话说进黄伟群的心坎，顿时喜出望外："那当然最好，这样主动权掌握在我们自己手中，办案效率更高。""好，那你赶紧去物色两个人，我们摸着石头过河，自己办案试试。"许建良一锤定音。

这个建议在局办公会上获得通过，黄伟群立即物色律师人选。

第一批招了两个人，一个是林国征，一个是许小琴。之后又陆续招了几个律师。

实行法援专职律师后，法律援助的影响不断扩大。发生了群体援助事件，书记市长第一时间想到的就是司法局。因为办案效率高，质量好，群众对司法局法援中心越来越信任，来找的人越来越多，老百姓口耳相传，上门寻求援助的越来越多，老百姓信服眼见为实啊！下拨的办案经费年年增长，从40万元增加到60万元。

黄伟群说得兴奋起来："法律援助最好的宣传方式就是多办案，办好案，虚的没用。因为中心律师专职办理法援案件，办案质量与奖惩挂钩，大家尽职尽责，案件也做到了应援尽援。"

2009年时王霞林来宜兴调研，找了办案律师，又找了受援人，查看了办理案件的卷宗，询问的很仔细，肯定了宜兴的"法援模式"。因为宜兴办理的法援案件数量多，而且都是实打实进入诉讼程序的案件，不像有些地方将司法所调解纠纷案件也算作法援案件。他称赞宜兴的模式好，效率高，所以基金会给予的办案补贴也多起来。

司法部也来人调研，给予了肯定。

2017年3月，基金会搞项目运作，将案件"事后补贴"改为"事前资助"，首选宜兴。宜兴不负所望，在全省十大优秀法援案件评选中，连续3年榜上有名。

中午在街对面的小饭馆吃完午餐，回到梁艳办公室。

我想见见林国征，因为他是第一批招录的律师，经历了"宜兴模式"开创至今的全过程。

梁艳便打电话把林国征律师请了过来。

林国征进门便打着哈欠，他说昨晚上忙着准备辩护词，上午出庭，中午有些瞌睡。

打扰了林律师的午睡，我忙道歉。他说："不碍事，平常也没午睡的习惯，只是昨晚睡晚了些。"

回忆 2007 年刚进法援中心时的情景，林国征记忆犹新，他说一来就遇上了 390 个农民工的欠薪案，他和许小琴连续忙了半个月，每天光问询做笔录，喉咙都问哑了，握笔的手指都麻了，最终拿下了这个官司，为农民工兄弟讨回了公道。打赢官司的那一刻，心中满满的成就感。从那时起他就爱上了这份事业，立志扎根法援，没想到过离开。不过 10 年后，同他一起走进法援中心的许小琴去了律师事务所，毕竟律所赚的钱比法援中心多出不少。而他依然初心不改，选择坚守。他说自己并不后悔，因为担任法援中心律师和社会律师最大的不同就是良心安稳，不用为五斗米折腰，自己从办案中体会到弱势群体对公平正义的渴望，感受到一个法援工作者的社会责任感。

　　2018 年，林国征办理的廖德安尘肺病案被评为江苏省十大法援案件，对此，他很是自豪。

　　蒋曙光比林国征晚来两年，8 年间办理最多的也是农民工欠薪案件。"找上门的农民工啊，大多不懂法，文化低，老板给他打欠条，他把自己的名字都写错，这官司怎么打？我们还是要帮他打，帮他梳理证据，直到要到钱为止。"看得出，这位帅气的蒋律师深爱着这个岗位。

　　梁艳说："在宜兴，法律援助是政府的一项民心工程，法援中心现有专职法援律师 9 名，年办理法援案件 1000 多件。"

　　9 名律师，1000 多件，每人一年要办理 100 多件援助案子。细想之下，可够忙的。梁艳既是中心主任，也是援助律师，平时也要办案。最近她接手的是一件离婚案，当事人叫胡燕。

　　胡燕是张渚镇北门村的村民，因交通事故致残，丈夫提出离婚，产生抚养纠纷。法援中心代理了胡燕的案件。那天下午，她要去见当事人，我随车前往。

　　北门村离县城有 30 多公里的车程，山路弯弯，来回一趟要半天，要是换作社会律师，费用不是胡燕能承担的。而法援中心，不但分文不收，梁艳还自己搭上车油钱。

胡燕的丈夫马国良属于乡村中的能人，两人在一起打工时相识，不顾父母反对，结婚生子，后来夫妻两人一同打拼，终于拼出一片天地，他们在农村从事殡葬服务业，办起公司，开了一家香烛店、一家香厂，小日子过得红红火火。但祸从天降，夫妻两人在一次送货途中，丈夫开车和别人的轿车相撞，造成胡燕高位截瘫，出院后只能坐轮椅度日，身体无大碍的丈夫，开始对胡燕尚好，时间一长，便提出离婚。因无人照顾，胡燕只好回到了娘家居住，由年迈的母亲照顾日常起居。

"女人的命好苦！"梁艳说。

车子在细雨中，穿过山林间的乡村小道，终于在一座两层楼房前停住，看得出胡燕娘家的条件不错。胡燕坐在轮椅上，将我们迎进堂屋。

这是一个美丽的女人，面容姣好，即使坐在轮椅上，也可看出不错的身材。但她下半辈子需要人养，需要人陪护，医疗费、康复费是一笔不小的开支，所以丈夫抛弃了她，并转移了财产。

丈夫两次提出离婚都被法院驳回，但这桩婚姻已是名存实亡。因而，胡燕作为原告向丈夫提起诉讼，要求丈夫马国良立即返还机动车交通事故赔偿款48万多元。这是出事后保险公司和轿车驾驶员的赔偿款，丈夫辩说这赔偿款都已经在医院治疗期间花光，并且欠下了一笔不小的外债。

梁艳来征求她对起诉书的意见，她说和丈夫打拼曾挣下一笔不小的财产，新盖的房子就是两人的共同财产，而且是丈夫开车出的车祸，现在她失去劳动能力，所以不管是否离婚，丈夫必须拿出足够的财产养她的下半辈子。

梁艳一一记下。

在回城的路上，梁艳说："案件的关键是要证明夫妻两人原有的共同财产的多少，但丈夫将财产转移了，要找到丈夫转移财产的证据不容易，这场官司倒是不难打，但打赢官司后要到钱很难。

为这场官司，梁艳已经在城乡间奔波好几趟。

雨还在下，望着车窗外阴云密布的天空，真希望明天是个晴天。

第十八章

岱山艳艳一红琴

没想到，我采访的最后一站是南京的岱山。

更没想到的是，岱山法律援助工作站的主任是江红琴，原安德门农民工法律援助工作站的副主任，汪晨的搭档。

王霞林口中念念不忘的安德门农民工法律援助工作站，搬迁到远离南京市区的板桥镇西南，从南京坐车过去单程要 2 个多小时，交通不便，农民工背着行李、扛着铺盖能到那儿去找工作？因而搬迁过后，当年全国最大最红火的农民工市场渐渐归于沉寂。市场冷清，原先熙熙攘攘的民工人流不见了，依附于其的法援工作站也失去存在的价值。汪晨到了雨花台区民政局，接待信访，江红琴则到宁创律师事务所担任高级合伙人、律所副主任。

但江红琴并没有远离法律援助，雨花台区司法局在岱山建起法律援助工作站后，她被派往岱山法律援助工作站主持工作。

为何要选择在岱山建站？江红琴告诉我，岱山是南京最大的保障房片区，包括经济适用房、廉租房、产权调换房、中低价商品房，总面积 300 多万平方米，居住人口 10 万；住户群众大多为低保户、拆迁户、廉租户和外地来宁打工人员，是矛盾的多发地。

岱山成为保障房片区后，岱山房屋租金低，成为犯罪团伙的首选集聚之地。

她举例说，2018 年底，南京出动 1000 多名警力，在岱山打掉了一个传销团伙，抓了近 300 人，涉案金额 3000 多万元。前两年也抓了 2 次，一次 500 多人，一次近 200 人，打掉一批，又出来一批，像韭菜一样割了又冒出来。这些犯罪分子全部来自周边省份，都是被一种叫"资本运作"的项目吸引而来，这个项目还有另外一种称谓叫"1040 阳光工程"，犯罪组织大肆宣传所谓：快速致富、高回报、零风险，以介绍工作、招聘、招工等创业就业的名义，诱骗学生、农民、下岗职工参与违法犯罪。他们歪曲宣传，颠倒黑白，甚至利用亲情、友情、美色进行拉拢、诱骗。

江红琴说："警方行动大多在夜间进行，为的是一网打尽，凌晨3点，警方开展行动，他们也是一夜无眠，配合警方做好法律宣传。现在他们还在社区做这方面的宣传工作，为广大群众阐明利害，使广大群众认清违法犯罪性质、欺诈本质和严重危害，帮助居民群众提高识别能力、增强防范意识、自觉抵制传销。表面看公开化传销的活动得到了有效的遏制。但是，犯罪手段不断翻新，犯罪方式更加隐蔽，组织更为严密，造成的社会危害依然严峻，我们的任务依然艰巨。"

说这些时，这个看上去柔弱的女人神情变得严肃起来，她忧心忡忡地说："引导群众远离各种诱惑不是件简单的事，许多人沉浸在一夜暴富的发财梦中很难自拔，做好法律宣传很重要。"

年初岱山还发生了乐伽租房事件，南京乐伽商业管理有限公司是一家集房屋租赁服务和托管服务于一身的企业，长期采用高收低租的手法，从业主手中套取住房对外出租，收取租房户租金，用于其他经营，因为资金链断裂，岱山有好几千户房东没拿到租金，遂与租房户产生矛盾。社区让援助站参与调解，防止发生群体性事件。江红琴说他们已经参与调解60多起，忙得焦头烂额。

什么叫高收低租？

江红琴打比方说："乐伽作为中介，跟出租户签订合同时，每月租金2000元，在跟租房人签合同时，每月租金1500元。因为低于当地市场价，这样很快就把房租出去了。"

"他们不吃亏了吗？"

"他们打的是时间差，一个是出租户让出1个月或几个月的空置期，二是乐伽付给出租户1个月或3个月的定金，然后收取租房户1年以上的租金，有的房客甚至一次性付了5年的租金，乐伽拿到这笔钱后，用于其他投资，等赚了钱再给房东房租。等于空手套白狼，如意算盘打得挺好，但资金链一断裂，留下了一地鸡毛。"

"这带有诈骗性质！"我说。

"公安还没有定性，牵扯的户数太多了吧！乐伽除了南京总部，在苏州、杭州、成都、重庆、西安、合肥、昆山等地还有分公司，在全国有 300 多家签约中心，管理的房源超过 20 万套，管理的房屋总价值达1000 亿元，仅南京地区的经租房源就有 15000 多套，基层的事情很难办，弄不好要引发群体事件。所以，我们帮助社区做好房东和房客的调解工作。房东没拿到钱，不愿意再给房客住；房客说，我交了钱了怎么不能住？因为法院暂时不受理这类案件，我们参与调解，让双方克制，因为纠纷是中介造成的，让他们在保留对中介诉权的情况下在情绪上保持克制。"

"说实在话，打官司也不是一时半会能打下来的。"江红琴无奈地摇摇头，"一个官司打个四五年时间是正常事，所以走诉讼程序要有长期打算。"

江红琴讲了一个去年办下来的援助案子。

当事人叫韩英，跟一个男的结婚 10 多年，生了一儿一女，一家四口虽不富裕，但日子过得去。一天深夜，警方敲门，开门后警方出示抓捕令，将男的抓了起来。男的被抓到四川自贡，被判了死缓，因为杀了人。

原来这个男的是个潜逃犯，老家在江苏泗洪，20 多年前涉嫌买了一个四川女同居，四川女怀孕 6 个月后，他跟女的回四川自贡市省亲，四川女到家后不愿意再回去，等于骗婚。眼见人财两空，他一怒之下把女的杀了。逃跑后他改了名字，换了个身份，后来认识韩英，两人结婚生子，直至案发。

男的被判死缓后，被关进四川宜宾监狱服刑，韩英断了生活来源，孩子上学需要钱，因而她想把房子卖了供儿子上学，但牵扯到丈夫，因而想离婚。可是这桩离婚案，法院不受理，于是她找到法律援助站求助。

几经周折，法援律师查明真相：韩英丈夫冒用的是他父亲一个徒弟的身份证，两个人用的同一个名字，身份证上只是照片不同。

丈夫真名高微风，冒名杨红军，而真的杨红军还在泗洪，已经结婚生子，一家幸福。

韩英原是南京沙洲乡的村民，她的离婚案当地法院不受理。

法院说，你结婚证上是和杨红军结婚，杨红军真名真姓真有其人，怎么离？法院不受理，那么去找民政局撤销婚姻关系，民政局说撤销不了，这事以前没先例。

找公安部门，公安说，当地公安部门没有高微风的记录，也没有销户，属于历史遗留问题。因而没人再过问。

"为老百姓办点事怎么这么难？"江红琴苦笑着又摇了摇头。

为韩英离婚的事，江红琴伤透了脑筋。

"你为什么非要离婚？"江红琴问韩英。

"就是想卖房。"韩英老实回答。

"如果只是为了把房子卖掉，只要证明这个房子不是你和杨红军的共同财产就行。"

"怎么证明？"

江红琴通过四川自贡的地方法院将高微风的判决书调了过来，因为判决书上清楚的说明，高微风是冒用杨红军的名字，韩英结婚证上的杨红军不是杨红军，而是高微风。

前后跑了两年，就为了一纸证明。

"'案结、事了、人和'是我们法律援助遵循的原则，这个原则是王老王霞林提出来的。这个无私的老人到我们安德门农民工法援站许多次，每次去都讲这句话，所以成了我们江苏法援人的理念。我们坚守着这个理念，再难、再苦、再累，我们都坚持将法律援助进行到底！"江红琴话语铿锵。这是誓言，这是理念，这是行动！从中我们听到了法援人正义的心声，看到了法援人奉献的情怀！

列夫·托尔斯泰在《安娜·卡列尼娜》一书中说："幸福的家庭都是相似的，不幸的家庭各有各的不幸。"

法律援助面对的都是社会弱势群体，接触到的都是各式各样的不幸的家庭和在这些家庭成员中发生的不幸的悲剧事件，没有同情心、悲悯心做不了法律援助。

许多时候，有的人为了300元钱真的会拼命。

2019年网上有一段令人非常心酸的新闻。

8月23日，江西南昌的公交车司机姚红英开着公交经过某站台时，发现一名女子跌跌撞撞想上车。

那女子摔倒了，又爬起，爬起来走了几步，又摔倒在地，这样摔了几次，才踉踉跄跄走到公交旁。

姚红英一看，赶紧把这名女子扶上车，一问才知道，这女子是要急着去上班。

姚红英看这女子满脸通红，头都抬不起来，还在掉眼泪，就劝她说："你这个样子还去上班？赶紧去医院看看吧。"

那女子却一个劲儿地往车厢里走，一边走一边说："要去上班，不去就要扣掉300元全勤奖。"

姚红英无奈之下，只好报警求助，这名女子终于联系了家人。

据她的家人介绍，这女子之前上完夜班后身体已经不适，去医院打针，可为了300元全勤奖，她刚打完针就赶着去上班，没想到差点出事。

这则新闻一出，很快就上了热搜，无数网友感慨泪目，仿佛看到了曾经的自己。

普通人的世界，没有容易两个字。

普通人的心酸，只有自己才知道……

但其中也有这样的言论：

真是要钱不要命，不就是 300 块吗？命都不要了？

这就是穷人，目光短浅，为了 300 块连命都能拼掉。

站在不同的角度，会有不同的理解，但你不是当事人，永远体会不到当事人的无奈！一分钱难倒英雄汉，区区 300 元，可能只是你的一顿饭钱，但对于不少人来说，可能就是孩子的学费、父母的药费、家里的水电费……

事实上，中国 14 亿人有 10 亿人没有坐过飞机，有 5 亿人从来没用过马桶，月收入超过 5400 元就打败了 80% 的人……

我们总喜欢以己度人，却不知我们已经被富足限制了想象力，看不到世界的本来面目。

你没穷过，你真的不懂。

2017 年 8 月，超强台风"天鸽"袭击广东，广东中山的一名中年男子，看着自家的小货车被大风吹得摇摇欲坠，于是他冲过去想顶住小货车。

结果车辆被风吹倒，他也被压在车下，当场身亡。

微博上有人说他要钱不要命，也有人说他过于天真，这种话听着有道理，但未免太高高在上，不知道人间疾苦了。

这位男子已经 54 岁，为了让家人过上好日子，省吃俭用耗尽了所有积蓄买了这辆小货车，买回来还不到半个月。

出事的时候，现场有很多人都劝他算了吧，但他不听，硬是想阻止车倒下，可没想到风会这么大，想走的时候已经来不及了。

试想一下，如果这辆货车不是承载着这男子一家人的生计，他又何苦"要钱不要命"，在生死关头第一反应不是赶紧撤离，而是想尽办法保住自己讨生活的饭碗。

回到农民工，如果不是为了一家生计，为了子女上学，哪个愿意抛家舍子，远走他乡，去陌生的城市出卖自己廉价的劳动力！

不记得是哪位作家说过这样一句话："有时我们的眼睛可以看见宇宙，却看不见社会底层最悲惨的世界。"

在我们周围真实的世界里，许多人在为生活苦苦挣扎。他们为了几百块钱拼尽全力，并不是我们眼中的"傻""要钱不要命"，而是以自己卑微的生命当赌注，去抗衡生活的艰难和沉重。

社会的不公平是真实的存在，所以才需要悲悯、良心、正义！

江红琴向我讲述发生在南京南站的一起意外事故，她接受当事人的委托，做她的法援律师。为使我能够了解事情的全部过程，她发给我一篇记者的报道。

交汇点讯：4月25日下午，南京南站发生一起跳楼自杀事件。一名男子从南广场进站平台坠下致死，并砸倒一位过路女性，造成该女性重伤。

从现场附近的监控录像上可以看到，12点59分左右，该男子独自一人行走到进站平台边缘，翻过并扒住玻璃栏杆，整个人吊在空中，随后松手落下。此时另一名女性乘客刘芳(化名)正经过位于进站平台下面的地面广场，该男子的身体重重砸向刘芳，二人倒在地上，不省人事。

据刘芳的同伴陈强(化名)透露，事发前他和刘芳打算乘坐南京南开往合肥南的G7245次列车，当时已经取出车票，正前往检票口，"我走得比较快，她在我后面三四米，我听到身后传来咚的一声，扭头就看见了那一幕。"陈强随即上前查看刘芳的情况，此时刘芳意识尚且清醒，只问了一句"什么东西掉下来了"，就昏迷过去。

据现场目击群众说，跳楼男子当场死亡。刘芳则被送去急诊，紧急做了手术，随后在重症监护室待了近24小时。主治医生介绍，刘芳的伤情较为严重，全身多处损伤，其中膝关节错位，踝关节开放性骨折。

躺在病床上的刘芳等待第二次手术。

南广场进站平台的一位环卫人员告诉记者，南广场上多次有人要自杀，他们会哭喊，都被劝阻了。该男子跳楼前没有任何迹象，事发很突然。"我巡逻的时候还见过这个人，和他擦肩而过，看不出丝毫异常，也就没注意，谁知道他一声不吭地走过去跳楼了。"一位警辅说道。事发后，伤者刘芳的家属对南京南站提出质疑，认为其应当承担一定责任。记者致电南京南站相关负责人，对方表示，跳楼地点不在站内，事件处理也是交由地方公安而不是铁路部门，如果伤者家属有异议，可以通过法律途径来解决。

据了解，该男子是河南省焦作市某机关单位的公务人员，事发前和同事一起来南京出差，其同事表示此次跳楼让他们也很意外。警方在进行初步调查之后，基本排除了他杀可能性，认定为个人的自杀行为，但还要等尸检报告出来后再确认。

伤者家属曾希望与死者家属当面协商，讨论赔偿问题，但对方没有出面。对此死者同事表示，家属一时无法接受亲人离去的事实，希望能给他们时间。

目前，刘芳正准备接受第二次手术。刘芳的姐姐介绍说，他们老家在安徽六安农村，家里还有个弟弟。父母都在工厂里打工，每个月只有2000块钱的工资，即使加班4小时，每月也只有4000块。"我本来想着两个女儿都工作了，我和老伴也算熬出头了，谁知道发生了这个事。"刘父的眼里含着泪花。

刘芳的父母都赶到南京照顾女儿，两人买来行军床，在病房外的走廊里睡觉。刘芳的治疗和康复费用高昂，短短两天已花掉3万多块钱，目前还欠费4000块钱。主治医生表示，刘芳需要接受不止一次手术，前后治疗费用大约需要15万到20万元，且不包含康复阶段的花费。

"我们都是外地人，来到南京谁都不认识，家里也没钱了。"刘父说着又哽咽了。他有高血压，不能激动，一旁的刘母连忙打了他一下，让他住嘴。

天降横祸，孤立无援，刘家父母一筹莫展。

法律援助向他们伸出援手，江红琴对这对农民夫妇说："你女儿的事我们来管。"

江红琴对我说："这是一起有明确侵权人的案件，这个案件的重点是侵权赔偿。受伤女孩住院治疗费花去30多万元，后期的康复治疗费用更多，这对一个农村家庭是无法承担的天文数字。考虑到将来的赔付，起诉到法院时，我们将死者继承人和南京南站共同列为被告。在具体的责任划分上，死者是侵权人，负主要责任，同时南京南站应该负有连带或者补充责任，具体责任比例由法院裁定。根据侵权人已经死亡的情况，应当用死者的遗产部分进行赔偿。如果死者没有遗产，南京南站的补充责任会酌情增加。"

"法院判决情况呢？"我问。

"法院判南京南站没有责任！我不明白法院为什么会这么判？"她说。

"如果法院判南京南站有责任，那在南京长江大桥跳桥自杀的呢？长江大桥是不是有责任？"我说出我的想法。

"也对，如果那样判，那今后谁还敢建大桥啊！"她点点头，"不过，我内心是希望判南京南站有责任的。因为据我们调查，那个焦作的死者家中没有财产，只有一套房产，那一套房产在焦作能值多少钱呢？如果南站没有责任，后期的赔偿就成问题。"

江红琴的担心成为事实，这个案子已经一年多了，第一笔赔偿款20多万才下来。而伤者早花去40多万元。

我们也曾设想把死者单位列为被告，可是在讨论案件时大家就说："告单位，单位是让他出差的，不是让他去跳楼的啊，你跳楼是职务行为呀？履职需要你跳下去？没道理呀！"最后放弃了！

为了拿到赔偿款，法律援助为当事人做了多种设想。

在强大的现实面前，有时法律虽然无奈，但法律志愿者们尊崇法律、坚守良心的意志不变！

江红琴，他们还要为当事人奔走，为了那最后的目标：案结、事了、人和。

看上去简单明了的6个字，但要做到却无疑要翻山涉河，付出多少心血，奉献多少辛劳！可最后的结果是否圆满却是难以预料。

第十九章　那天边亮起的一抹朝霞

我曾经想千方百计找到那个"生命同价"中的儿子，我为他的未来做了多种美好的设想：他因为有了这笔父母用生命换来的钱，而摆脱了父母的命运，他考上了大学，学了法律，成为一名法援律师，正在为像他父母一样的生存弱者伸张正义……

　　2020年炎炎的夏日里，我终于拨通了这个寻找已久的电话："你是小邵村的吗？""是，我叫赵立兵，是赵周年的儿子。""你今年多大？你大学毕业了吗？上的哪所大学？"我急迫地问。

　　"我没上大学，初中毕业就没上了！"他在电话中回答。

　　我突然蒙圈，诧异地问："怎么不上学了？"

　　"没意思！"他回答得很干脆。我直接无语。

　　或许他听出了我话语中的失望，"我现在这样不是很好吗？我在芜湖一家工厂打工，做空调的企业，一个月4000多元，还有，我快结婚了，对象和我在一个工厂。"他话语中满满的幸福感。

　　"你爷爷奶奶呢？"

　　"他们也很好，爷爷83，奶奶79，还在老家住。"

　　"你家盖新房了吧？"

　　"没有，还在老房子里住。"

　　"你村子变化大吗？"

　　"就是修了水泥路，其他也没太大的变化。田都包出去了。我们这里是丘陵地带，田都是一小块一小块的，每亩450元一年。是一对淮安来的夫妇承包的，开机、打水、撒化肥，都用机器，很能干，村里人都外出打工，田都包给了他们！"

　　"你那90多万元赔偿款都做了啥？"

　　"没拿到那么多，最后一笔款前年才拿到，对，是2017年，60万元尾款，给了律师18万元。还有肇事司机的钱没拿到，司机坐了牢，他家里也穷，没钱给，也没什么财产可执行，所以那笔赔偿款没拿到。"

赵周年夫妇那笔生命的赔偿款9年后才全部拿到，这是我无论如何想不到的。不过也应该想到的，孙华春给智障人追款追了7年！

"你给了律师18万元？"

"是。噢，不是法律援助的律师，法律援助没要钱。前面法律援助官司打赢了，肇事方给了30多万就不给了，法援律师也没办法，找不到人，要不到钱。拖了几年，后来我们就找了南京的私人律师去要钱，说好要回钱来支付20%的费用，那个律师叔叔费了很多功夫，想了很多办法，因为那个公司注销了，律师不知怎么找到那个注销的公司，才把钱给要到。"

听赵立兵说着，我百感交集。理想很丰满，现实很骨感。许多时候真实的存在会超出你的想象。由此想到王霞林为那个被砍头的农民工而千方百计启动的司法救助，倘若不是启动司法救助，那个可怜的农民工又怎么能拿到那笔法院判决的赔偿款？

2020年8月的一天，坐在苏宁环球大厦13楼临窗的一间会议室里，我同法援律师李晓霞谈起了当年赵周年夫妇"生命同价"的案件，她说："法律就是这样在实践中一点一点进步的，让老百姓在每一个具体案件中感受到法律的公平，目标远大，虽然行得走得艰难，但总在不断进步着。"她说在2016年办理过的"小武案件"，就是南京首例撤销监护资格案，这个案件也具有前瞻性的探索意义。

小武系被申请人宋芳与前夫李明的婚生子，3岁时父母离异，小武由其父李明抚养，法院判决宋芳每月支付抚养费140元至小武年满18周岁止。后李明再婚，小武随父亲李明和继母赵静一起生活。2014年李明因病去世，小武与继母赵静失去了生活来源，继母赵静遂以其在精力和经济上无力抚养为由诉至法院，要求变更小武的监护权由其生母宋芳抚养。

此案由南京市秦淮区人民法院受理，2016年6月6日法院判决小武于判决生效之日起由生母宋芳抚养。但宋芳拒绝对小武尽抚养义务。继母不养，生母不要，爷爷奶奶去世，小武被暂时寄养在姑妈家，成了没人抚养的弃儿。一年后，姑妈要去外地打工，万般无奈下，小武所在地的民政部门诉至法院，要求撤销被申请人宋芳的监护资格并指定民政局作为小武的监护人。

"宋芳为什么不抚养亲生儿子？"我问。

"她提出三条理由。"李晓霞说，"一是结婚时宋芳父母反对她和李明的婚姻，为了和李明结婚她不惜和家庭反目，断绝了关系，至今没有来往；二是婚后李明出轨，现在的继母就是第三者，宋芳是受害者；三是李明和小武继母结婚时有婚前房产，就是因为李明有婚前财产，当初离婚时法院才将小武判给李明抚养。小武是李家的血脉，理应由李家承担抚养义务。"

"宋芳是把小武当作了报复李家和'小三'的武器！"我沉思着。

"对，仇恨使宋芳变得无情。"李晓霞点头。

而小武的继母却说："为给李明看病，李明的那套房子早就变卖了，看病花得精光。"

继母不要，生母不养，小武由民政部门寻找了寄养家庭。但寄养家庭有顾虑，自己不是小武的法定监护人，倘若发生意外，生母如果以法定监护人身份追究寄养家庭责任，后果将难料！

考虑再三，为了小武能有个安定的成长环境，李晓霞在2个月时间里先后19次与民政、法院等部门商讨，并按照相关法律由民政部门提出了撤销宋芳监护人资格的申请。

2017年5月10日，秦淮区人民法院第十三法庭对此案进行开庭审理。人大代表、政协委员参加旁听。

2017年5月11日，法院下发民事判决，从未成年人最大利益原则出发，综合考虑小武的个人意见、其他近亲属的监护意愿和能力，对申请人申请指定其担任监护人的请求依法予以支持。同时判定宋芳监护人资格撤销后仍承担小武部分抚养费。

"小武案件"告一段落，但她仍在关注着小武的成长。后来，得知宋芳拒不履行抚养费，李晓霞又向法院申请了对宋芳的强制执行。

"可怜之人必有可恨之处，宋芳的命运确实可怜，但她对亲生儿子拒不履行抚养义务又着实可恨！该案件是全国首例撤销监护权后继续追索母亲承担孩子抚养费案件，此案件的判决，对于怠于履行监护职责事件将起到遏制发生的作用。"说着这些，李晓霞目光神奕。

1964年3月的某天清晨，霞光万里，西安城内某个居民楼内传出一声婴儿的啼哭，在刘志丹手下当过红军的爷爷望着这个新出生的孙女，望着窗外天边的朝霞，激动万分，说："就叫晓霞吧，早上的霞光啊！"谁能想到这个叫晓霞的女子却在几十年后来到南京，开始了她公益法律服务的人生。

那是1998年，李晓霞从陕西来到南京加入江苏维世德律师事务所，2004年在江苏律师协会未成年人保护协会担任副主任，2006年开始做法律援助，是江苏省首个未成年保护专职公益律师，一干就是10多年。2013年9月，她成立了"南京乐行公益法律服务中心"，对老年人、残疾人、未成年人、妇女、农民工等对象提供公益法律援助。

爱相随、法相伴，公益路上你我快乐同行！一个多么美好的理想，一个多么善良的愿望！然而，现实生活并非都是理想中浪漫的诗行！

谈起做法援的经历，李晓霞说："法律援助是一个善事、好事，但也是一件难事，想要做好不容易。"她和她的团队之所以能坚持10多年，离不开各级政府组织的支持，省法援基金会和彩票中心都在资金保障上给予了支持。从2016年开始，省法援基金会实行法援项目化，每年给予"南京乐行公益法律服务中心"25 万元资金，完成 60 个法援案件。

在她办理的法援案件中，最多的是农民工案件，案情也最为复杂。

她举了如下的例子：

2017 年 11 月某日，农民工王某举骑电动三轮车，与许四驾驶的小型客车碰撞，王某举受伤被送往江宁某医院治疗。急诊诊断为股骨颈骨折，转骨科会诊后，被手外科科室抢走治疗。为何要争抢病人？据内部工作人员透露：手外科是新成立科室，医疗资源、技术都不足，患者较少，再加上医院内部管理脱节混乱，导致有科室之间争抢患者的现象屡见不鲜。车祸发生后，肇事者许四将王某举送到医院，此时王某举已经有些昏迷，对自身情况并不清楚。这时手外科医生鲁汉庚对许四说，如果将王某举交由他手术，在费用上可以优惠。许四为了日后少支付医疗费，便答应让鲁汉庚给王某举做手术。

王某举在医院急诊时确定是 Ⅱ 型糖尿病，但鲁汉庚并未对其控制血糖，而是直接手术。手术后 10 天都没有检测血糖，并连续注射混合糖电解质溶液，造成手术感染。王某举疼痛难忍，向医生鲁汉庚反映，鲁汉庚态度恶劣，大声呵斥："手术哪有不疼的？"鲁汉庚将王某举的疼痛误诊为血栓，耽误了最佳治疗时间。

此后王某举从手外科转入骨科共做 8 次手术，卧床近 9 个月，造成下肢短缩 4 公分，部分肌肉不能长起来，后来坐轮椅，用双拐。虽未做伤残能力鉴定，法院按照以往判例，评定为九级伤残作为调解赔偿依据。

王某举家中有三人，夫妻二人和一个年幼的女儿，靠王某举在外打工谋生。可王某举发生车祸后，不仅花光家里所有积蓄，还落下腿部残疾，劳动力部分丧失。妻子患有"三高"常年服药并有年幼的女儿需要照顾。一场交通事故让这个本就贫困的家庭雪上加霜，再加上医疗损害无异于晴天霹雳。王某举找到李晓霞时陈述："我当时躺在床上不能动弹，真的很无助，害怕后半辈子要在轮椅上度过，真是想死的心都有，直到后来能够下床走路，我才渐渐想开，虽然残疾了，至少我还能照顾自己，不至于拖累家人，只是女儿才七八岁，想到这里，就不知道下一步该怎么办？"

李晓霞接手王某举的案件后，立即为他申请了江苏省法律援助基金会南京乐行公益法律服务中心法律援助项目资助，当天就与王某举沟通，开展了调查。

案件经过一年多的诉讼程序，3次开庭、5次调解、2次司法鉴定、1次司法鉴定听证会、上百次电话沟通、微信沟通、发送文字材料及照片等，先后在法官支持下进行了多次艰难的调解，最终调解成功：被告医院承担患者王某举在医院的两年期间所有医疗费用，并于2020年5月10日前一次性赔偿原告王某举17万元。此案终结。

回忆此案办理过程，李晓霞坦言："此类医疗纠纷的后果往往都比较严重，轻则造成患者残疾，重则造成患者死亡，患者家属往往情绪激动，提出很多不合理的要求，而医院又竭力避重就轻、推诿责任，双方的矛盾可想而知。近年来医患关系紧张，患者伤害医务人员的事件时有发生，在这种情况下，作为法援律师不但要解决法律问题，还要解决患者的心理问题，甚至还要主动学习医学知识，以便于做通患者的工作。如果律师不认真做好当事人的思想工作，可能会使双方的矛盾升级，甚至发生恶性事件。所以，律师要在尊重基本事实的基础上做好患者的思想工作，遇到有问题的地方及时沟通，告知患者相关法律规定和道理，不能有过激行为。好在此案还算圆满，当事人比较满意。"

某天晚上，我拨通了王某举的电话。这是一位率直、善谈的苏北汉子。我问他对李晓霞的印象，"好人！"接着又说，"现在这个社会好人还有，就是太少了！就说那个医生鲁汉庚，那还叫人吗？生生把我治成残疾！差劲得很，属于道德问题！"

我说："还是好人多！"

"不！好人太少！"他加重语气说，"就说我吧，现在小区做保安，一个月上360个小时的班，没有星期天，没有节假日，还要上夜班！国家政策是不错，《劳动法》规定，一周40个小时，超过这个标准就是加班小时。《劳动法》还规定，应当保证劳动者每周至少休息一天，法定节假日也应该休息。加班每天不得超过一小时，最长3小时，每月不得超过36个小时。可是对我们这些农民工，老板能做得到吗？你能和他讲理吗？愿干就干，不愿干就滚蛋！我能滚吗？不能！我现在有残疾，找份工作不容易，滚蛋后我能干啥？"

电话那头，王某举噼里啪啦地讲着。原来，他出院后因为落下残疾，在南京某小区好不容易找了份保安工作，只是工作时间太长，没有休息时间，节假日照常上班，还没有加班费用。

"好人太少！"他重复着，"李晓霞算一个。人家诚心诚意帮助我，没要我一分钱，没吃我一顿饭，没喝我一口茶，一口凉水都没喝我的！我要请她吃饭，她死活不来。没办法，我就想给她做面锦旗，她不让我写她的名字，说你要送就送基金会吧，是省法律援助基金会支持我们这么做的！这不，我就给基金会做了面锦旗！"

"你看，还是好人多嘛！"我说。

"不，好人太少！"他坚持说。

问他家庭现在的境况，他说："老婆带着9岁的女儿在扬州打工。"

我问怎么不和老婆一起去扬州打工。他说："一是工作不好找，二是在南京还有个官司要打。"

"还有官司？"

"是啊，那个交通事故的官司，到现在还没了结，肇事者许四拖着不想给钱。"

　　"许四要赔你多少？"

　　"按照交管部门认定的责任，许四要赔我 8 万元。但许四说没钱，不想赔。我做出让步，让他少赔点，五六万吧，他只想赔个二三万。这太少了，到现在还没扯清！"

　　"你可以再找李晓霞律师帮你呀！"

　　"不想麻烦了！人家已经帮你一回忙了，你还好意思再找人家？你知道有多少人想得到她的帮助，等着她去解救吗？像我这样的事情太多了！我现在能走动了，就自己解决，给她留点时间，让她多去解救一个人！"

　　他用了解救两个字，这让我大为意外。

　　他说，等这件事过去，他还是想请李晓霞律师吃顿饭，不为别的，就为能聊得来。和她说说社会上的这些不平事，聊得心里舒服。

尾声

法援永远在路上……

北京西路上茂盛的梧桐树是南京人心中最美的风景，树冠如盖，挡住了夏季的炎热。唯有云南路至宁海路一段却是银杏树，一到秋天，满树金黄，别具风采。梧桐树、银杏树绿了又黄，黄了又绿，一年年风景依旧。

银杏树旁的 8 层大楼内，江苏省法律援助基金会从创建至今，已经走过了十多个年头。

十多年间，从无到有，从弱到强，不断成长！

她像一棵绿树，给大地洒下一片绿荫；她是一缕阳光，给大地传递温暖！

2015 年 8 月的某天上午，王霞林从理事长办公室走出，走到楼梯口那块金色的 5A 级社团匾牌面前，他用手轻轻抚摸着，他没有说话，但心底波澜翻涌，转眼间，他已经在基金会做了 8 年志愿者。

8 年间，基金会已经完全步入了正轨，完善了组织框架，建立健全了相关制度，进入了良性循环。募集资金从最初的 500 万增加到 1.17 亿元，资助的法援案件逐年增加，成为江苏省法律援助资金来源的补充渠道，产生了有益的社会影响，特别在农民工法援方面特色突出，深受农民工欢迎。

他和吴晶、陈尚明、颜乾虎等同道相约，将接力棒交给下一届的理事会。

从 8 月底到 9 月中上旬，先后有省委常委、省委政法委书记李小敏，省人大常委会党组书记、常务副主任蒋定之，省政协主席张连珍，省委副书记、省长李学勇等领导在基金会 8 年工作汇报上做出批示，充分肯定了第一届理事会的工作。

省委副书记、省长李学勇在基金会 8 年工作汇报上做出批示：省法律援助基金会成立 8 年多来，认真践行基金会的宗旨，做了大量卓有成效的工作，为维护弱势群体合法权益、保障社会公平正义、促进社会和谐稳定做出了重要贡献，谨向焕友名誉理事长、霞林同志和基金会的同志们表示衷心的感谢！法律援助工作是一项重要的民生工程。希望新一届法律援助基金会深入学习贯彻习近平总书记系列重要讲话精神，坚持以人为本，坚持改革创新，不断开创基金会工作新局面，为"迈上新台阶、建设新江苏"做出新的更大贡献！

金秋时节，基金会第二届理事会在宁召开。

省委常委、副省长徐鸣，基金会名誉理事长、省委原书记陈焕友，省有关部门负责人、基金会第一届理事会组成人员和第二届理事会候选人等共 90 余人参加会议。

省政协原副主席、党组副书记周珉出任第二届基金会理事长。

宋家新为常务副理事长，祝玉卿为秘书长。

王霞林在会议上做工作报告时总结说："8 年合计筹募资金（含增值）1.17 亿元，累计资助各级法律援助机构和其他社会组织办理了 4119 件重大法律援助案件，惠及受援群众 93806 人，资助案件数量和受援人数逐年大幅度增长。2014 年，基金会资助案件的受援人数已占全省法律援助案件受援人总数的 31%。基金会逐步开拓并加大对法律援助项目的资助，目前已定点资助南京市安德门农民工法律援助工作站等 22 个重点项目。在 2011 年江苏省首次社会组织评级中，省法律援助基金会荣膺'5A 级中国社会组织'。"

"5A 级中国社会组织"这个荣誉，这位老人看得很重！

2018 年 11 月 22 日，江苏省法律援助基金会在南京召开二届六次理事会，省政协原副主席范燕青接任基金会新一任理事长。

范燕青在就任仪式上说："公平正义是社会主义制度优越性的体现，也是永远的课题，法援永远在路上……"

又是一年春草绿，2020 年 8 月，我再次走进江苏省法援基金会的大门，宋家新告诉我，他已经在基金会服务 5 年，今年将换届，接替他的是江苏省司法厅原机关党委书记魏中林。

人事变迁，但法援志愿者的初心始终不变！

秋日的某个夜晚，我同南京法律界的资深律师严国亚闲聊，这是个正直的汉子，铁肩担道义，不畏强权，办理过多起有影响的案件，不知不觉中，我们聊起了法律援助。他说："法律援助的领域，主要涉劳动法、民法和刑法，其对象都是弱势群体，没有对社会弱者的同情心，没有对法律的敬畏之心，没有铁肩担道义的职业良心，没有看淡金钱的淡泊之心，就做不好法律援助！"

3 年前，严国亚在南京某律所做主任时，专门成立了法援部，一年做了三百余件法援案件，事务所因此被司法部评为法援先进单位。回忆那时情景，严国亚依然激动，他说："对律所来讲，对律师而言，做法援案件没有经济利益，是在尽社会之责任，但这是检验一个律师是否有职业良心的试金石。把法律当作天、把老百姓当作地，用律师的职业良心、用自己的本心去做事，做实事，做好事，做对得起'天地良心'之大事！"

喝上一口野山茶，他长舒一口气，仰起头对我讲了一个真实的事情。10 多年前，马鞍山的魏女士带着刚满周岁的女儿婷婷到南京市某儿童医院检查，结果被确诊患上了一种基因疾病，医学术语叫 Turner 综

---

*Turner 综合征：先和性卵巢发育不全是由 Turner 在 1938 年首先描述，也称 Turner 综合征。发生率为新生儿的 10.7/10 万或女婴的 22.2/10 万。占胚胎死亡的 6.5%。临床特点为身矮、生殖器与第二性征不发育和一组躯体的发育异常。智力发育程度不一。寿命与正常人相同，母亲年龄似与此种发育异常无关。

合征*，也就是性染色体缺陷病症，不可能性发育，医院处方激素治疗。但是激素很贵，而且要天天打针，魏女士为给孩子治病，最后把房子卖了，为省房租，自己一家住在菜农废弃的猪圈里生活。

然而，婷婷9岁的时候，突然来了例假，也就是说她有性发育，不是Turner综合征。魏女士懊悔不已，气急败坏地找到该儿童医院求个说法，但是该医院认为自己没有错。万般无奈，魏女士把女儿带到上海，上海的专家认为，不是Turner综合征。但是某儿童医院认为大家都是三甲医院，你上海专家讲的就是正确的吗？还是不认错。魏女士又带婷婷去云南某权威机构鉴定，结果确定也不是Turner综合征，但是某儿童医院仍然不认可。他们认为应该通过南京医学会来鉴定。南京医学会鉴定的结果是：既不能肯定婷婷患的是Turner综合征，也不能否定是Turner综合征，不属于医疗事故。据此，儿童医院认为不需要承担责任。

可怜的婷婷艰难地求证，得来对立的说法。此时的魏女士可谓山穷水尽，治病没钱、再鉴定也没钱，想打官司更没有钱。

"女儿的病现在不能再拖了。医生说，现在她已经错过了治疗性早熟的时机。再说，治疗性早熟又要一大笔费用，我们根本无法承受！"当魏女士站在严国亚律师面前时，泪眼婆娑，透过那双泪眼，严国亚看到了一个母亲无助的眼神。

他决定对她进行法律援助。

严国亚律师将案例仔细研究后认为，虽然南京医学会鉴定不是医疗事故，但这并不代表医院就不承担责任。从法律上讲，医院承担责任有两种情况：一种是医学鉴定明显判定属于医疗事故，医院按相关规定进行赔偿；另一种情况就是婷婷这种情况，医学鉴定称不能排除Turner综合征，这就表明并不能确诊是Turner综合征。而儿童医院确诊属于

Turner 综合征，并按照治疗 Turner 综合征的方法进行治疗，导致婷婷性早熟，医院显然是有过错的。由于医学鉴定判定不是医疗事故，因此患方可提起服务合同纠纷诉讼，因为医患双方是一种服务合同关系，院方在治疗中存在过错，在法律上必须承担相应责任。

严国亚律师依据相关事实，向某儿童医院发出律师函，指出他们应该就婷婷一案承担相关法律责任。婷婷一案是经由某报社转给严国亚律师的，为不使婷婷案件被媒体曝光，某儿童医院通过有关人员找到报社，以刊登广告向报社输送利益方式，诱惑某报社妥协。在巨大利益面前，报社妥协了。报社广告部领导在某豪华酒店宴请严国亚，希望此案能到此为止。但严国亚忘不了魏女士那双无助的眼睛，那是两把射向丑恶的利剑，呼唤着天地良心！当夜，严国亚夜不能寐，深夜秉笔直书，向原卫生部发函，要求其依法履行职责，对某儿童医院进行监督，否则将通过法律途径诉讼解决！报社广告部领导得知严律师还在行动，气得大呼："我要与你绝交！"

严国亚不为所动，继续采取相关法律行动，维护婷婷的合法权利！后经过原卫生部协调，婷婷的家人得到了 50 万元的赔偿。

严律师的真实故事讲完了！他慢慢端起茶杯，再喝一口野山茶，说出下面一番话：

没有哪一个职业能完全实现正义，因为正义有多解。什么时候有什么时候的正义，什么空间有什么空间的正义，什么维度有什么维度的正义……我们能做到的，只是要对得起自己善良的本心，就是老百姓说的天地良心而已！

天地良心！我忽然想起了希腊神话中的安泰俄斯，安泰俄斯是大地女神盖亚和海神波塞冬的儿子。安泰俄斯力大无穷，只要他保持与大地的接触，他就能从大地母亲身上获取巨大的能量，不可战胜！

律师在做法律援助案件时，也从法援对象身上汲取着力量！

　　你不觉得，法律援助志愿者就是今天的安泰俄斯吗？

　　秋日的夜空宁静，有微风吹过，沙沙作响，抬头仰望夜空，深邃而辽远……